कीका

महाराणा प्रताप के बालपन की कहानी
बाल लेखक कपीश की जुबानी

कपीश

डायमंड बुक्स
www.diamondbook.in

अनुक्रमणिका

❦❧ ❦❧ ❦❧

ॐॐ ॐॐ ॐॐ ॐॐ

माँ की तरफ से

मुझे ईश्वर द्वारा प्रदत्त अनेक देनों में से एक महत्त्वपूर्ण देन का नाम है कपीश। कपीश में कुछ तो बात है जो उसे उसकी उम्र के दूसरे बच्चों से अलग करती है। मैं यह इसलिए नहीं कह रही क्योंकि मैं उसकी माँ हूँ, मैं यह इसलिए कह रही हूँ क्योंकि ऐसा कहने के अनेक कारण हैं। पैदा होने से लेकर आज तक, कपीश ने न कभी किसी को तंग किया न ही उससे कभी कोई नाराज़ हुआ।

इसके विपरीत, इसने हमेशा मेरे, मेरे परिवार तथा अपने सभी जानने वालों के चेहरे पर किसी-न-किसी रूप में मुस्कान बिखेरी है। देखने में गोल-मोल, पढ़ने में अव्वल, संस्कारी, संवेदनशील, देश-दुनिया तथा वातावरण के प्रति सरोकारी ये बच्चा, संगीत, वाद्य कला तथा चित्र कला में भी गहरी रुचि और समझ रखता है।

कपीश की आरंभिक शिक्षा का जब आगाज़ भी नहीं हुआ था उस वक्त भी वह हजारों लोगों का दिल जीत कर 'बेबी ऑफ द डे' का खिताब जीत चुका था। प्ले स्कूल में या चार वर्ष की उम्र तक कपीश की झोली में अनेक पुरस्कार आ चुके थे। कक्षा में प्रथम आना हो या किसी प्रतिस्पर्धा ओलंपियाड की परीक्षा में दमदार प्रदर्शन की बात हो, कपीश ने हमेशा पूरे परिवार का मस्तक ऊँचा किया है।

एक ओर जहाँ उसका वाक्य विन्यास एक ठहरे हुए व्यक्ति की भांति होता है दूसरी ओर कार्टून नेटवर्क पर सहज बातों पर दिल खोल कर हँसना उसके चुलबुलेपन को दर्शाता है।

चीजों को सहेज कर रखना उसकी एक खास आदत है। मितव्ययिता कहें या वातावरण और धन के प्रति चिंता, उसके व्यक्तित्व का एक

अलग सा पहलू है, परन्तु संवेदनशीलता में वो किसी को भी पीछे छोड़ सकता है। मुझे याद है वो शाम जब हम लोग ग्वालियर किले के पास खड़े होकर गाइड से वीरांगना लक्ष्मी बाई के बारे में सुन रहे थे। हम उस जगह खड़े थे जहाँ से महारानी ने अपने घोड़े और पुत्र के साथ अंग्रेजों से जान बचाने के लिये छलांग लगाई थी। कपीश बार-बार गाइड को पकड़ कर उस बलिदान की बात पूछ रहा था मानो उसे अपने कानों पर भरोसा न हो रहा हो। फिर काफी देर तक वह चुप रहा। अचानक वो कहने लगा कि मैं एक टाइम मशीन बनाऊंगा और उससे मैं उस समय में पहुँच जाऊंगा जब अंग्रेजों ने रानी लक्ष्मी बाई को तंग किया था। और...और...फिर मैं उन सब अंग्रेजों को मार दूंगा और फिर रानी और उनका बेटा बच जाएगा। और वो फूट-फूट कर रोने लगा। हमने क्यों नहीं बचाया रानी को? बोलो न, बोलो न...और वो जोर-जोर से चिल्लाने लगा। कैसे लोग हैं सब? क्यों नहीं बचाया रानी को? फिर आंसू पोंछ कर, बड़े मजबूत इरादे से उसने लक्ष्मी बाई को बचाने की बात दुहराई। उस समय कुल 7 वर्षों का था कपीश। उसका ये देशप्रेम और संवेदनशीलता देखकर ही मैंने उसे शहीद भगत सिंह और महाराणा प्रताप से जुड़ी किताबें और मूवी दिखाई।

मेरी 3 पुस्तकें छपी थीं। उन्हें देखकर उसने कहा कि यदि मैं कुछ लिखूं तो क्या वो भी छप सकता है? तो मैंने पूछा क्या लिखना चाहते हो? कपीश ने कहा ऐसा कुछ जिसे पढ़कर मेरे जैसे बच्चे भगतसिंह और प्रताप जैसे बनें। और उसका फल है यह पुस्तक...।

–मंजु 'मन'
अवर सचिव (भारत सरकार)
कवयित्री एवं लेखिका

शुभेच्छा

कपीश के द्वारा किया गया सृजनात्मक कार्य प्रशंसनीय है। कपीश के उज्ज्वल भविष्य के लिए मेरा आशीर्वाद व शुभेच्छा...।

−डॉ. अंजु टंडन
प्रधानाचार्या
भारतीय विद्याभवन, मेहता विद्यालय
दिल्ली केन्द्र

शुभकामनाएं

कपीश भारतीय विद्या भवन का होनहार छात्र है। ओलंपियाड की स्पर्धाएं जीतने के अलावा उसने विद्यालय का रचनात्मक लेखन पुरस्कार भी जीता है। व्यवहार कुशलता के कारण कपीश सबका चहेता है। प्रताप पर लिखकर उसने कीर्तिमान बनाया है। भविष्य की शुभकामनाओं सहित...।

−शशि भार्गव
एचएम, बीवीबी, मेहता विद्यालय

बधाई

कपीश को संभवतया लेखन अपनी माँ मंजु 'मन' से मिला है। उनकी दो पुस्तक मैंने पढ़ी हैं और कपीश को रचनात्मक लेखन के लिए मिला पुरस्कार भी मैंने देखा। कपीश को इतिहास के ऐसे पात्रों से प्रेरणा प्राप्त हैं जिन्होंने बवंडरों पर अपने हौसले से विजय पायी। कपीश ने इतनी छोटी उम्र में पुस्तक लिखकर सचमुच कीर्तिमान बनाया है।

—रोमेश जोशी
साहित्यकार, व्यंग्यकार

~ ~ ~ ~

आत्मकथ्य

मुझे लगता है कि यदि छोटी उम्र से ही हम सभी देशभक्तों के बारे में पढ़ने लगें तो सारे देश में राष्ट्रभक्ति की लहर चल पड़ेगी। कैसे उन महापुरुषों ने त्याग किए, संघर्ष किए, तब कहीं उन्हें जाकर जय मिली। जय मिली मतलब लोग उन्हें आदर के साथ पहचानने लगे।

मैं अपने दोस्तों के जन्मदिवस पर भी पुस्तकें देने की कोशिश करता हूँ ताकि हमारे अपने बीच बहुत सारी किताबें हो जाएं।

महाराणा प्रताप पर लिखने का मन तभी हो गया था जब मैं अपनी माँ के साथ राजस्थान गया था। उस समय मैं और छोटा था। मैंने इस महापुरूष के स्केच बनाये थे। उसके बाद लिखना शुरू किया।

मैं समझता हूँ कि महाराणा प्रताप एक ऐसा व्यक्तित्व हैं जो हमें अच्छे कार्यों को करने की प्रेरणा देते हैं। वे एक मिसाल हैं जिसमें तरह-तरह की विशेषताएँ हैं जैसे बलिदान, प्रेम, अटूट साहस और लगभग सभी गुण उनमें मौजूद थे। मुझे भी महाराणा प्रताप के बारे में नहीं पता था, पर एक दिन मैंने एक किताब में महाराणा प्रताप के बारे में पढ़ा। उनकी वीरता के किस्से बहुत अच्छे लगते थे और उनकी पूरी गाथा जानने के लिए उत्सुक हो गया। मैंने अपने बड़ों से भी उनके बारे में पूछा और कुछ समय बाद मुझे उनकी वीरता के लगभग सारे किस्से पता चल गये। मैंने उनकी गाथा से बहुत कुछ सीखा और मेरे लिए महाराणा प्रताप मेरे हीरो हैं। हम सबको गर्व होना चाहिए कि भगवान ने हिंदुस्तान में इतने बड़े शूरवीर को जन्म दिया। कुछ लोग तो यह भी कहते हैं कि वे स्वयं भगवान एक लिंग जी के अवतार थे, हो भी सकता है क्योंकि जो-जो उन्होंने जिस-जिस उम्र में किया वो आज की तारीख में तो असंभव-सा लगता है। यानी आज तो ऐसा कोई न कर

पाएगा। मेरी नज़र में महाराणा प्रताप अकेला एक ऐसा नाम है जो बच्चों, बड़ों और बूढ़ों को समान रूप से प्रेरित करता है। एक सच्चा राजपूत, अपनी बात पर टिके रहने वाला, बहादुर बालक, एक अच्छा दोस्त, आज्ञाकारी बेटा, न्यायप्रिय राजा! ये सारे गुण जिस इन्सान में हों उनकी कहानी तो सुननी और सुनानी, पढ़नी और पढ़ानी भी बनती है दोस्तों!

दोस्तो! मैंने इस पुस्तक में दी गई जानकारी टी.वी. किताबों और इंटरनेट से एकत्रित की है। उसी के आधार पर इस पुस्तक को लिखने का मैंने दुस्साहस किया है। इनकी तथ्यता पर मेरा कोई दावा नहीं है।

इस पुस्तक में मैंने मुहावरों को प्रयोग करने की कोशिश की है। जिसकी सूची पुस्तक के अंत में दी गई है जो शायद मेरी उम्र के बच्चों के काम आए।

—कपीश

कीका

कीका के बारे में

नाम	:	प्रताप सिंह
बचपन का नाम	:	कीका
जन्म	:	9 मई, 1540
जन्म स्थान	:	कुम्भलगढ़, राजस्थान, हिंदुस्तान
पिता	:	राणा उदय सिंह
माता	:	जयवंता बाई
राज्य	:	मेवाड़
राजधानी	:	उदयपुर
शासनकाल	:	1568-1597 (29 वर्ष)
वंश	:	सूर्य वंश
राजवंश	:	सिसोदिया
राजघराना	:	राजपुताना
धर्म	:	हिन्दू
विशेष युद्ध	:	हल्दीघाटी
ज्येष्ठ पुत्र	:	अमर सिंह
प्रिय घोड़ा	:	चेतक
प्रिय हाथी	:	राम प्रसाद
पुण्य तिथि	:	29 जनवरी, 1597 ई.

∼∾ ∼∾ ∼∾ ∼∾ कीका

इतिहास

प्रताप के जन्म के तीन सौ साल पहले से ही मुसलमान हमारे देश भारत पर अपना अधिकार जमा चुके थे पर जैसा कि हम सब जानते हैं, पूरा भारत कभी भी गुलाम नहीं रहा है। उनमें से एक प्रदेश ऐसा भी था जो सदा स्वतंत्र रहा। वह था 'राजपूताना'। जहाँ के वीरों ने कभी भी गुलामी का रास्ता नहीं चुना था। खासकर बप्पा रावल के वंशजों ने। ये वंश अपनी मातृभूमि के लिए अपनी जान लगा देने वालों में से था। यह जाति बहुत ही विचित्र ढंग से युद्ध कौशल में निपुण थी, जिसका सामना करने से बड़ी-से-बड़ी सेना भी डरती थी। प्रताप के जन्म से पहले दिल्ली में मुहम्मद जलालुद्दीन अकबर के पिता हुमायूं का राज था, जो कि एक मुग़ल शासक था। उसे जो बार-बार चुनौती दे रहा था वो था अफगान का शेरशाह सूरी। शेरशाह सूरी ने हुमायूं को सबसे पहले 25 जून, 1539 को चोसा के युद्ध में पराजित किया। इसके बाद 17 मई, 1540 में कन्नौज के युद्ध में बहुत ही बुरी तरह से पराजित कर आगरा और दिल्ली पर अपना कब्जा कर लिया।

लगभग उसी समय सिसोदिया वंश में प्रताप का जन्म 9 मई, 1540 (विक्रमी संवत 1597, रविवार) को अपनी ननिहाल पली में युद्ध के दौरान हुआ था। एक तरफ उदय सिंह अपनी मातृभूमि को वापस पाने के लिए बनवीर से युद्ध कर रहे थे तभी भगवान एकलिंग का अवतार माने जाने वाले प्रताप सिंह धरती पर आए। उनके जन्म के उत्सव में चार चाँद तब लग गए जब यह खबर आई कि महाराणा उदय सिंह बनवीर को हरा कर वापस चितौड़ के किले पर अपना आधिपत्य स्थापित कर चुके हैं।

प्रताप कुंभलगढ़ में रानी जयवंता बाई जी के साथ रहे। वहां पर वे भील लड़कों के साथ घुलने-मिलने लगे। उन्हें कीका नाम से बुलाया जाने लगा। बाद में इसी घनिष्ठता की वजह से भीलों ने युद्ध में उनका साथ दिया। 1552 में प्रताप अपनी मां के साथ चितौड़ आए।

उदयपुर संग्रहालय : महाराणा प्रताप के अस्त्र-शस्त्र

∽❧∽ ∽❧∽ ∽❧∽ ∽❧∽ कीका

कीका का व्यक्तित्व

कीका यानी प्रताप एक ऐसा शक्तिशाली योद्धा, प्रजा के प्रति समर्पित राजा और आज्ञाकारी पुत्र था, जैसा शायद इतिहास में दूसरा कोई नहीं हुआ।

कहते हैं प्रताप का वजन 110 किलो था और कद सात फुट पांच इंच था। वे दो म्यान वाली तलवार रखते थे। हर एक तलवार का वजन 25 किलो था। उनके जूते 5-5 किलो के थे। आज भी उदयपुर राजघराने के संग्रहालय में महाराणा प्रताप की तलवार, कवच आदि देखी जा सकती है। उनके भाले का वजन 72 किलो था और कवच का वजन 80 किलो था। भाले और तलवारों का वजन करीब दो क्विंटल होता था। कितने ताकतवर रहे होंगे प्रताप कि इतना वजन लेकर वो युद्धभूमि में पूरा-पूरा दिन दुश्मनों के दांत खट्टे करते रहते थे। इतना ही नहीं, कहा तो यह भी जाता है कि उनकी अंगुली और अंगूठे में गजब की ताकत थी। वे अपनी अंगुली और अंगूठे के बीच दबाकर गोल सिक्के को मसलकर लम्बा कर देते थे।

दो तलवारे रखने के पीछे एक कारण था। उनकी माता ने बचपन में ही उन्हें सिखाया था कि कभी निहत्थे शत्रु पर वार मत करना। इसलिए वे दो तलवार रखते थे ताकि युद्ध के दौरान वे निहत्थे शत्रु को एक तलवार दे सकें। कितने महान विचार थे उनकी मां के जिन्हें उन्होंनें अपने जीवन में पूरी तरह से अपनाया।

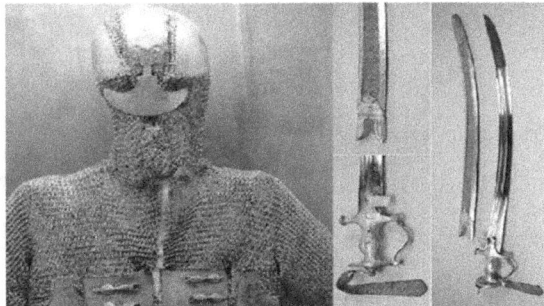

उदयपुर संग्रहालय : महाराणा प्रताप के अस्त्र-शस्त्र

कीका

चमत्कारी बालक कीका

कैसा लगता है जब आप किसी एक ही शख्स में अनेक गुण देख पाते हों जैसे वो साहसी भी हो और प्रेमी भी, मेहनती भी हो और बलशाली भी, न्यायप्रिय भी हो और दयावान भी, दुश्मनों पर कठोर और बच्चों की तरह सब कुछ भूल कर माफ करने वाला। बहुत तो नहीं पर ऐसे एक व्यक्ति को मैं जानता हूँ। उसका नाम हैं महाराणा प्रताप। बचपन में उसे सब प्यार से कीका कहकर बुलाते थे। उसके जैसा बलशाली मनुष्य न आज तक कभी पैदा हुआ है न होगा। कहते हैं न 'पूत के लक्षण पालने में' ही दिखाई दे जाते हैं। यह मुहावरा कीका पर बिल्कुल सही साबित होता है। वो बचपन से ही साहसी, प्रेमिला, मेहनती, विश्वासी और बहुत बलशाली व्यक्ति था। वह जो ठान लेता था उसे वह पूरा करके दिखाता था। वह अपनी मातृभूमि के लिए जान लड़ा सकता था और उसने लड़ाई।

उसका जन्म 9 मई, 1540 को हुआ था। वो हमेशा अपने धर्म पर ही चलता था। जिस उम्र में हम खिलौनों से खेलते हैं, उस उम्र में वह शस्त्र चलाता था। वह अपनी माँ, मातृभूमि, प्रजा, परिवार, दोस्त, भाइयों, सभी बहनों और यहाँ तक कि घोड़ों (चेतक और सारंग) को अपने से अधिक प्रेम करता था। वह चाहता था कि उसके दोस्त उसे उसके नाम से बुलाएं। वह अपनी उस छोटी माँ से भी प्यार करता था जो उसे मारने के लिए सदा षड़्यंत्र रचती रहती थी।

कभी-कभी मैं सोचता हूँ कि मेरे अंदर प्रताप की आत्मा आ गई है। जब मुझे लगता है कि मेरे अंदर प्रताप की आत्मा आ गई है तो मैं हारता नहीं हूँ मेरे अंदर जीतने का जुनून आ जाता है। उसका साहस, बल, मेहनत करने की क्षमता और प्रेम मुझमें आ जाता है। मैं मन की मन बीड़ा उठाता

हूं फिर उसके लिए परिश्रम करता हूँ। और जीत के रास्ते पर चल पड़ता हूँ। कीका से प्रेरित होकर मैं गरीबों के हक के लिए युद्ध लड़ना चाहता हूँ।

कीका एक आज्ञाकारी बालक था। उसने सदैव अपने गुरु, पिता एवं माताओं की हर आज्ञा का पालन किया। उसे अपने बड़ों में पूर्ण विश्वास था। वह अपनी सभी माताओं का एक समान आदर करता था। उसने कभी अपनी सगी माता और सौतेली माताओं में अंतर नहीं समझा। वह अपनी छोटी माँ को अपनी सगी माँ जितना ही प्यार करता था। जितने प्रेम से वो अपनी रानी माँ की सुबह की पूजा के लिए मगरमच्छों के बीच से झील में से कमल के फूल लाता था, उतने ही प्रेम से वो अपनी छोटी माँ के लिए दुश्मनों की छावनी में लगे आम के पेड़ से कच्चे आम लेकर आता था। वह अपनी माता के एक इशारे पर अपनी जान दे सकता था और किसी की जान ले भी सकता था।

माँ का प्रभाव

कीका के व्यक्तित्व को बनाने में जितना उनके पिता और गुरु का योगदान है उतना ही या शायद उनसे अधिक उनकी माँ, रानी जयवंता बाई जी का योगदान है।

प्रताप में नेक संस्कारों को उनकी प्यारी रानी माँ, अर्थात रानी जयवंता बाई जी ने दिया था। वे उन्हें हमेशा सच की राह पर चलने को कहती थीं। उनकी रानी माँ ने उन्हें बताया कि गलत या बुरे काम का नतीजा हमेशा बुरा ही होता है। इसलिए यदि गलत काम करोगे तो उसके बुरे परिणाम को भुगतने के लिए भी तैयार रहना।

वे उन्हें उनके पूर्वजों की वीर गाथाएँ सुनाती थीं ताकि प्रताप उनके जीवन से शिक्षा लेकर अपने दिल, दिमाग, तन-मन में वीरता भर सके। वे उन्हें धर्म पर चलने को प्रेरित करती रहीं। उनकी माता ने उन्हें हमेशा सही शिक्षा दी। नीति-नैतिकता का पाठ प्रताप को उनकी माता ने ही पढ़ाया था। वे उन्हें हमेशा यह याद दिलाती रहीं कि वे एक राजपूत हैं। उन्होंने उनमें एक सच्चे राजपूत के सभी गुण (देशप्रेम, वीरता, हौसला, प्रजा के प्रति कर्त्तव्य, त्याग, बलिदान आदि) कूट-कूट कर भरे थे। आजादी के लिए प्रेम उनकी मां ने ही उन्हें सिखाया था।

रानी जयवंता बाई जी की भगवान एकलिंग जी में पूर्ण आस्था थी और यही आस्था उन्होंने कीका तक पहुँचाई। उनकी माता ने उन्हें सिखाया कि प्रातःकाल उठ कर उन्हें पहले नित्य-कर्म जैसे नहा-धोकर पूजा-पाठ करना, हथियारों का अभ्यास आदि करना चाहिए। उनकी माता ने उन्हें बड़ों की इज्जत करना सिखाया। वे उन्हें हमेशा प्रेम का पाठ सिखाती रहीं। यही कारण था कि प्रताप का हृदय प्रेम से लबालब था। उनकी हर बात का

प्रताप ने सदैव पालन किया। शायद इसी वजह से प्रताप न केवल एक योग्य व्यक्ति बन पाए, अपितु वे सबकी आंखों के तारे भी थे।

रानी जयवंता बाई जी ने कीका को मानसिक तौर पर मजबूत बनाया। उनका कहना था कि केवल राजघराने में पैदा हो जाने से राजा के गुण नहीं आ जाते। एक योग्य राजा बनने के लिए एक राजकुमार को अपने कर्म को सही दिशा में करना पड़ता है। अच्छा राजा धर्म का पालन और अच्छे कर्म करने से बनता है। एक अच्छा राजा प्रजा का प्रिय होता है। प्रजा प्रिय होने के लिए उसे न्यायप्रिय भी होना पड़ता है। उसे हमेशा सच के मार्ग पर चलना चाहिए, चाहे परिणाम जो भी हो। जो व्यक्ति अपने किए के फल से डरते हैं वे कायर होते हैं।

उनकी माता ने बताया कि राजा की अपनी प्रजा के प्रति बड़ी जिम्मेदारी होती है। प्रजा राजा की संतान होती है। राजा को प्रजा के साथ घुल-मिलकर रहना चाहिए। उनके सुख-दुःख का ध्यान रखना चाहिए। उन्होंने यह भी समझाया कि जब राजा युद्ध लड़ता है तो यह उसकी जिम्मेदारी हो जाती है कि वह उस युद्ध को हर हाल में जीते, नहीं तो उसकी हार का मूल्य उन लोगों को चुकाना पड़ता है जो राजा पर निर्भर होते हैं। उन्होंने यह भी समझाया कि कोई भी सफलता अंतिम सफलता नहीं होती। इसलिए किसी भी सफलता पर बहुत ज्यादा प्रसन्न होना भी ठीक नहीं होता। इसी प्रकार कोई भी असफलता जीवन का अंत नहीं होती। व्यक्ति को सच से नज़रें मिलानी आनी चाहिए। जीत हो या हार, दोनों ही व्यक्ति को जीवन में कुछ-न-कुछ अवश्य सिखाती हैं।

जैसा कि मैं पहले ही बता चुका हूँ कि महाराणा प्रताप का जो प्रभावी व्यक्तित्व था उसको बनाने में महारानी जयवंता बाई जी का पूरा योगदान था। दोस्तो! हमारे घर-परिवार में भी हमारे माता-पिता, बड़े-बुजुर्ग हमें अनेक शिक्षाएं देते हैं। समय-समय पर हमारी गलतियों पर हमें टोकते हैं। इस पर हम बुरा मान जाते हैं, उनसे नाराज़ हो जाते हैं और मुंह फुला लेते हैं। और तो और, हम तो उनसे बात करना भी छोड़ देते हैं और आशा करते हैं कि वे हमें मनाएं। शायद इसीलिए ही अब कोई बच्चा प्रताप की तरह होनहार दिखाई नहीं पड़ता। आजकल जब बच्चा चलते-चलते या खेलते वक्त गिर जाता है या वो साइकिल से गिर जाता है और उसे चोट लग जाती है तो वो

आसमान सिर पर उठाने लगता है। उसके रोने पर पूरा परिवार इकट्ठा हो जाता है। उसे चुप कराने में घंटों लग जाते हैं। अलेले...मेरा राजा बेटा,क्या हुआ... अलेले... बस-बस रोते नहीं! वो देखो चींटी मर गई। अच्छा... जमीन ने मारा। ये ले मैं जमीन को मारती हूँ अभी। ऐसी ही अनेक बातें की जाती हैं। कोई उसे बहादुर बनाने वाली बात नहीं कहता। हम जैसे सभी बच्चों को भी यह अच्छा लगने लगता है और हम हर बार उम्मीद करते हैं कि पूरा घर हमें मनाए, पुचकारे, दुलार करे। दोस्तो! क्या हमें ऐसा करना चाहिए? कदापि नहीं। ऐसा करके हम निर्बल बनेंगे और सारी जिंदगी हम रोने के लिए बड़ों का कन्धा ही ढूंढते रहेंगे। अगर हमें अपना आने वाला कल अच्छा बनाना है तो हमें इस तरह की छोटी-मोटी चोटों से नहीं घबराना चाहिए। ये चोटें हमें मजबूत बनाती हैं। हम अपने जीवन में कभी जीतते हैं और कभी हारते हैं। जब हम जीत जाते हैं तो बहुत खुश होते हैं और इतराने लगते हैं। कभी-कभी तो हमें अपने ऊपर विश्वास इतना बढ़ जाता है कि हम अगले काम की तैयारी तक करना छोड़ देते हैं और अगली बार हार जाते हैं। फिर हम रोने लग जाते हैं या निराश हो जाते हैं। हमें निराश नहीं होना चाहिए। हमें जीत की तैयारी के लिए कमर कसते रहना चाहिए।

महारानी जयवंता बाई ने एक बार प्रताप से कहा था कि जीतना उतना जरूरी नहीं है, जितना जीतने की इच्छा और जुनून रखना। प्रताप ने अपनी माँ की बात को समझा और अपनाया। फिर उन्होंने अपने अन्दर जीतने की इच्छा और जुनून को जगाया। इसी कारण उन्हें बचपन से ही अनेक सफलताएं मिलती गईं। फिर शायद उनकी माँ को लगा कि कहीं मेरे बेटे को जीत का घमंड न हो जाए और वह जीत के सुख में इतना न डूब जाए कि तैयारी करना छोड़ दे। इसलिए उनकी माँ ने संतुलित रहने की शिक्षा दी। सच ही तो है दोस्तों, जीतने पर खुश होना किसको अच्छा नहीं लगता। और खुश होना तो आसान होता ही है, पर प्रताप के जीवन से हमें यह सीखने को मिलता है कि जीतने के बाद भी अगली जीत की तैयारी जरूरी है। कोई भी जीत अंतिम नहीं है। एक लड़ाई के बाद दूसरी लड़ाई लड़नी होती है। जिसके लिए हमें हमेशा तैयार रहना चाहिए।

हमें भी अपने माता-पिता, गुरु और बड़े लोगों में आस्था और विश्वास रखना चाहिए और उनकी बातों को सिर माथे रखना चाहिए।

कीका

कीका के भाई-बहन

कीका अपने घर के बच्चों में सबसे बड़े थे। वे अपने सभी सौतेले भाई-बहनों से भी सच्चा प्रेम करते थे। उनकी बहनों को भी उनसे उतना ही प्रेम था और उन्हें यकीन था कि उनके बड़े भाई के रहते कोई उन पर तो क्या पूरे मेवाड़ पर बुरी दृष्टि नहीं डाल सकता। इसके विपरीत, उनके भाइयों को उनसे प्रेम नहीं था। उनके छोटे भाई शक्ति सिंह को तो वे फूटी आँख नहीं सुहाते थे। वह हमेशा उनसे प्रतिस्पर्धा में लगा रहता था। वह यह कतई मानने को तैयार नहीं था कि कीका उनसे एक हाथ आगे हैं। हालांकि शक्ति सिंह भी बहुत वीर था परन्तु यह बात और है कि वह कभी भी किसी भी प्रतिस्पर्धा में उन्हें हरा नहीं पाया। यह भी सच है कि बाद के दिनों में प्रताप की देशप्रेम की भावना का वो कायल हो गया था और एक बार उसने उनकी की जान भी बचाई थी। इसके उलट, छोटे भाई जगमाल में तो क्षत्रियों जैसे कोई भी गुण नहीं थे। वह एक दब्बू किस्म का व्यक्ति था। उसे अपने अलावा किसी से प्रेम नहीं था और न ही कोई सरोकार। वह एक अय्याश किस्म का व्यक्ति था जो जल्दी से जल्दी राजा बनना चाहता था। उसे बिगाड़ने में उसकी माँ रानी धीरबाई जी का पूरी तरह से हाथ था। रानी धीराबाई जी पर राणा उदय सिंह जान छिड़कते थे और इसी वजह से वे उनकी हर बात को मानते थे। ऐसा कहा जाता है कि राणा उदय सिंह के अंतिम दिनों में रानी धीरबाई जी ने अपने बेटे जगमाल को मेवाड़ का उत्तराधिकारी बनाना तय करवा लिया था। हालांकि राजगद्दी पर सबसे बड़े पुत्र का अधिकार होता है परन्तु सामंतों और दरबारियों को मजबूरन जगमाल को राजा घोषित करना पड़ा जबकि राजगद्दी पर महाराणा प्रताप का अधिकार था। साथ ही वे इसके योग्य भी थे। जगमाल को सिंहासन हथियाने की हड़बड़ी थी। राजगद्दी मिलते ही उसने अकबर की तरफ हाथ बढ़ा दिया। यह देखकर सामंतों ने उसे हटाकर प्रताप को राजा बनाया। मेवाड़ की जनता के प्रताप के प्रति भरपूर प्यार को देखकर वो अकबर से जा मिला।

मातृभक्त एवं देशभक्त

अभी कीका तीन साल के भी नहीं हुए थे कि शेरशाह सूरी ने बहुत बड़ी सेना के साथ राजपुताने पर धावा बोल दिया। उसकी सेना ने कई इलाकों को जीत लिया और कई घरों और गावों को तहस-नहस कर दिया। उसके बाद शेरशाह सूरी के सामने अपने शस्त्र डाल दिए। कई राजाओं ने शेरशाह सूरी ने चित्तौड़गढ़ पर आक्रमण किया। उदय सिंह के पास उसकी सेना के आक्रमण का जवाब नहीं था। उनके पास बहुत ही थोड़ी सेना थी। इसलिए उदय सिंह ने युद्ध की बजाए कूटनीति का रास्ता चुना। उन्होंने शेरशाह सूरी के सामने अपने शस्त्र डाल दिए। उनके सारे सामंतों ने इसका विरोध किया पर उदय सिंह ने यह भरोसा दिलाया कि वे समय आने पर अपना अधिकार वापस ले लेंगे। उन्होंने शेरशाह सूरी से संधि कर ली जिसमें उन्हें आधा मेवाड़ शेरशाह सूरी को देना पड़ा। इसके कुछ दिन बाद ही शेरशाह सूरी की मृत्यु 22 मई, 1545 को हो गई। उस समय मेवाड़ में उदय सिंह और शेरशाह सूरी का सेनापति शम्ज़ खान ही राज कर रहा था। मेवाड़ के

৵৽৵ ৵৽৵ ৵৽৵ ৵৽

किले की चाबी अफगानों के पास थी।

अफगानों का नेता शम्ज़ खान एक क्रूर आदमी था। उसने एक अफगानी फौजी टुकड़ी के साथ मेवाड़ में छावनी डाल रखी थी। उसकी छावनी और उसके आस-पास के क्षेत्र में जाना मना था। राणा उदय सिंह के आदेश के अनुसार उस क्षेत्र में जाने वाले व्यक्ति को दंड दिया जाता था। छावनी के पास बहुत सारे आम के पेड़ थे जिन पर कैरियां (कच्चे आम) लगी हुई थीं। कीका की छोटी माँ, यानी रानी भटियानी को कैरियां खाने की इच्छा हुई। जब कीका को अपनी छोटी माँ की इच्छा का पता लगा तो वो अपनी प्यारी छोटी माँ की इच्छा पूरी करने के लिए बिना दुश्मन की परवाह किए उस छावनी में घुस गए ताकि वे कैरियां तोड़ सकें। पीछे-पीछे उनकी मंझली माँ का पुत्र कुंवर शक्ति भी वहां आ गया। वो भी वीर था पर गुस्सा उसकी नाक पर रखा रहता था। वो बिना सोचे समझे कोई भी कदम उठा लेता था जिससे कई बार बहुत बड़ा नुकसान भी हो जाया करता था। कीका तो वहां से चुपचाप अपनी छोटी माँ के लिए कैरियां लेने गए थे, परन्तु कुंवर शक्ति को तो कैरियों से कोई मतलब नहीं था। वो तो अफगानी सिपाहियों को मारना चाहता था। बिना सोचे समझे उसने अफगान सिपाही पर गुलेल से पत्थर मार दिया। उसकी इस बचकाना हरकत से अफगान सिपाहियों का ध्यान उन दोनों की तरफ चला गया। सिपाहियों ने उन्हें मारने के लिए हथियार उठा लिए। कीका यानि कुंवर प्रताप ने बड़ी सूझ-बूझ से उनको मात दी और दोनों वहां से सिर पर पांव रखकर भागे और महल में आ गए। इस घटना से शम्ज़ खान आग बबूला हो गया और राणा उदय सिंह के पास आया और बोला कि उनके आदेश को न मानने वाले को दण्ड मिलना चाहिए। उसने बताया कि अपराधी कोई और नहीं, उनके दोनों बड़े पुत्र हैं।

उसने कहा कि उसे न्याय मिलना चाहिए और उनके पुत्रों को दंड।

राणा उदय सिंह ने अपने पुत्रों को बुलाया और उनसे पूछा कि शम्ज़् खान ने जो कहा वो ठीक है या नहीं। इस पर कुंवर शक्ति तो डर गए, परन्तु कुंवर प्रताप ने बिना डरे अपनी गलती मान ली। इस पर राणा उदय सिंह को बहुत गुस्सा आया और दुःख भी हुआ कि उनके पुत्र छावनी में क्यों गए जबकि उन्होंने वहां न जाने के आदेश दिए हुए थे। शम्ज़् खान ने कुंवर प्रताप को घुटनों के बल बैठ कर माफी मांगने को कहा। इस पर पूरा दरबार क्रोधित हो गया, पर किसी की कुछ कहने की हिम्मत नहीं हुई। प्रताप घुटनों के बल बैठ गए और माफी मांगने लगे, पर शम्ज़् खान से नहीं, अपने पिता से। उनकी इस सूझ-बूझ पर सभी दरबारी प्रसन्न हुए। लेकिन शम्ज़् खान गुस्से में पागल हो गया।

उस समय तो राणा उदय सिंह की इस सूझ-बूझ पर बांछे खिल गई परन्तु उन्होंने अपने बेटे को आज्ञा न मानने के लिए दण्डित भी किया ताकि उनका बेटा जीवन में सदा अनुशासित रहे। इसके लिए उन्होंने प्रताप को दो दिन कारावास में रहने की सजा सुनाई। साथ ही ये सजा भी सुनाई कि उन्हें केवल उतना ही भोजन दिया जाए जितना उनके जीवित रहने के लिए पर्याप्त होता है। क्योंकि प्रताप एक आज्ञाकारी पुत्र थे, उन्होंने इस सजा को भोगा। लेकिन एक राजपूत होने के कारण उन्हें अपने पिता द्वारा दी गई सजा समझ में नहीं आई। उन्हें समझ में यह नहीं आया कि उनकी मातृभूमि उनकी है तो उस पर उगने वाले पेड़ और उसके फल उनके क्यों नहीं? क्या केवल इसलिए कि वहां पर अफगानों की छावनी थी? उस छावनी में जाना अपराध क्यों था? उस छावनी के मुखिया के कहने पर उन्हें दंड क्यों दिया गया? क्या वो परतंत्र है? यदि हाँ, तो हम हाथ पर हाथ धरे क्यों बैठे हैं? हम अपनी मातृभूमि को आज़ाद क्यों नहीं करवा लेते? हम किस बात का इंतजार कर रहे हैं?

ये थे 12-13 साल के प्रताप। जो एक तरफ छोटे बच्चे की तरह अपनी मांओं को बहुत प्रेम करते थे जैसा कि हर बच्चा करता है। दूसरी तरफ, अपनी मातृभूमि के लिए उनकी भक्ति और इतना प्रेम कि उसके लिए मर-मिटने को सदा तत्पर रहते थे जैसे एक बहुत बड़ा वीर योद्धा होता है।

जीवन का सच

दोस्तो! हम सब कभी-न-कभी दुःखी हो जाते हैं या निराश हो जाते हैं। मैंने अपना स्कूल बदला था। मुझे बहुत दुःख हुआ था- अपने दोस्तों से न मिल पाने का। मेरी मम्मी ने कहा था कि सबके फोन नम्बर ले लो ताकि उनसे संपर्क बना रहे। छुट्टियों में एक दूसरे के घर मिलने चले जाना, पर इन सब बातों से मुझे तसल्ली नहीं मिली। मैं मन-ही-मन बड़ा दुःखी था- दोस्तो के बिछुड़ने से दुःखी। पर सोचो, यदि कोई हमेशा के लिए दूर चला जाए, फोन पर भी बात न कर पाए तो।

प्रताप के जीवन में इससे कहीं ज्यादा निराशा का समय आया और बार-बार आया। और वो चमत्कारी बालक, वीर बालक, फूट-फूट कर रोया। जैसे हम किसी प्रिय खिलौने के छिन जाने पर रोते हैं। उनके दोस्त और प्रिय व्यक्ति जब युद्ध में मारे जाते थे तो वो कई दिनों तक परेशान रहते थे। कई बार उनके मन में ख्याल आता था कि वो सब कुछ छोड़ दें, भगवान की भक्ति करें। बड़ा मुश्किल होता था ऐसे में उनको समझाना।

सबसे पहले उनके पिता के वफादार सैनिक देवी सिंह को मौत की सजा मिली; क्योंकि उसने वफादारी छोड़कर शम्ज़ खान से दोस्ती कर ली थी। वो पैसों के लिए बिक गया था। और राणा उदय सिंह की खबरें शम्ज़ खान को देने लगा था। उसकी इन खबरों की वजह से मेवाड़ को शम्ज़ खान हरा सकता था। मेवाड़ हमेशा के लिए गुलाम बन सकता था। यह बात कुंवर प्रताप को पता चल गई थी। उसने देवी सिंह के खिलाफ सबूत इकट्ठा किए और प्रमाणों के साथ उसने अपने पिता और सामंतों के सामने यह बात बताई। सबूत प्रस्तुत होने के बाद देवी सिंह ने अपना गुनाह कबूल कर लिया और राणा उदय सिंह से माफी मांगने लगा। राणा उदय सिंह के दरबार में

देशद्रोह की सजा मौत थी। देवी सिंह को भी नहीं बक्शा गया। सबके सामने तलवार से उसकी गर्दन काटने का हुक्म सुनाया गया। बाल प्रताप अन्दर तक हिल गए। कुल 12 वर्ष के रहे होंगे प्रताप उस वक्त। पहली बार किसी को अपनी आँखों के आगे मौत के घाट उतरते देखा उन्होंने। बल्कि वे इसे देख ही नहीं पा रहे थे। उन्होंने आँखें बंद कर ली। उन्हें ऐसा करते देख उनके पिता राणा उदय सिंह से उन्हें कहा- आँखें बंद मत करो। देखो! एक गद्दार को कैसे सजा मिलती है? आँख खोलकर सच्चाई का सामना करो! बड़ा मुश्किल था प्रताप के लिए यह देखना! देवी सिंह प्रताप को अपने कंधे पर बिठा कर घुमाते थे, उनकी सेवा करते थे, उनके सुख-दुःख का ख्याल रखते थे। प्रताप भी उनसे स्नेह करते थे। यही कारण था कि प्रताप उनकी मौत नहीं देख पा रहे थे, फिर भी पिता के जबरदस्ती करने पर प्रताप ने उसे मौत के घाट उतरते देखा।

उसके बाद उन्होंने राज राणा जी को देश के लिए शहीद होते देखा। राज राणा जी बहुत बहादुर थे और उन्होंने हमेशा अपने दुश्मनों के दांत खट्टे किए थे और शम्ज़ खान के खिलाफ युद्ध में राणा उदय सिंह का साथ देने आए थे। प्रताप अपने पिता को बिना बताए उस युद्ध में शामिल हो गए थे राज राणा जी से मिन्नत कर के। राज राणा जी को उन्होंने अपना नाम नहीं बताया था, परन्तु प्रताप की देशभक्ति, साहस और वीरता को देखकर राज राणा जी ने प्रताप को अपनी टुकड़ी में शामिल कर लिया था। केवल शामिल ही नहीं किया था, बल्कि युद्ध स्थल पर उन्हें तलवार पकड़ना और उसे ठीक से चलाना भी बताया था। बार-बार प्रताप जब अफगान सैनिकों से घिर जाते थे तब उनकी रक्षा भी की थी। और उनकी रक्षा करते-करते ही राज राणा जी ने प्राण न्यौछावर कर दिए थे। उनका शहीद होना प्रताप को बड़ा दुःखी कर रहा था। उनके जीवन का मोल कैसे भी चुकाया नहीं जा सकता था।

पहला युद्ध

शम्ज़ खान और अफगानों के खिलाफ राणा उदय सिंह ने जब युद्ध लड़ा तब प्रताप केवल 12-13 वर्ष के थे। अतः प्रताप को युद्ध में शामिल नहीं किया गया, परन्तु यह बात प्रताप को गंवारा नहीं थी। वे युद्ध स्थल पर पहुँच गए और सैनिकों के बीच शामिल हो गए। प्रताप की कद-काठी शुरू से ही बड़ी थी अतः सैनिक तो उन्हें जान नहीं पाए, पर शक्ल से तो वे बच्चे ही लग रहे थे। उनको राज राणा जी ने (जो कि एक टुकड़ी के प्रधान सेनापति थे) शक की निगाह से देखा और लौट जाने को कहा। इस पर प्रताप दुखी हुए और उनकी मिन्नत करने लगे कि उन्हें भी युद्ध में शामिल कर लें। बड़ी देर तक राज राणा जी ने उनको मना किया पर प्रताप कहाँ मानने वाले थे! बड़ी मुश्किल से ही सही परन्तु उन्होंने राज राणा जी को मना ही लिया, लेकिन उस वक्त तलवार चलाना तो दूर, प्रताप को तलवार पकड़नी भी नहीं आती थी। तलवार से खेलना और युद्ध में तलवार चलाना दोनों बहुत अलग बातें हैं।

युद्ध शुरू हो चुका था। राज राणा जी का ध्यान प्रताप की तरफ ही था। उन्होंने देखा कि प्रताप ढंग से तलवार नहीं पकड़ पा रहे हैं। वे उनके पास गए और उन्हें ठीक से तलवार पकड़ना सिखाया। प्रताप होशियार तो थे ही। उन्होंने तुरंत तलवार पकड़ना सीख लिया। बस फिर क्या था। वे एक के बाद एक अफगान सैनिकों को मारते चले गए। बीच-बीच में राज राणा जी उनकी मदद कर रहे थे। राज राणा जी और उनके साथियों का असली काम था कि इशारा होने पर अफगानों का ध्वज हटा कर मेवाड़ का ध्वज फहराना। काफी देर तक युद्ध चलता रहा। कभी राणा उदय सिंह जीत रहे थे तो कभी शम्ज़ खान का पलड़ा भारी हो रहा था। उधर महल में जौहर

की तैयारियां हो चुकी थीं कुंवर प्रताप नहीं चाहते थे कि उनकी मांएं जौहर करें। इसलिए भी उन्होंने युद्ध में हिस्सा लिया था।

बार-बार अफगान सिपाही उन्हें घेर रहे थे। राज राणा जी ने उन्हें अफगानों के घेरे से बाहर निकाला और किले पर ध्वज फहराने के लिए भेज दिया और खुद अफगानों से घिर गये। कुंवर प्रताप ने भागकर ध्वज फहरा दिया। उधर राणा उदय सिंह ने शम्ज़ खान को बुरी तरह घायल कर दिया। उनके सैनिकों ने उसे बंदी बना लिया। राज राणा अफगानों से लड़ते-लड़ते शहीद हो गए कुंवर प्रताप द्वारा किले पर ध्वज फहराने की बात महल में फैल गई। रोने-धोने का माहौल खुशी में बदल गया। जौहर कक्ष छोड़ कर सब महाराज के स्वागत की तैयारी में लग गए। सब बहुत खुश थे परन्तु कुंवर प्रताप राज राणा जी की मौत पर दुःखी थे। शम्ज़ खान को जब पता चला कि प्रताप ने अफगानों का पत्ता साफ कर दिया है तो मन-ही-मन उसने कुंवर प्रताप को अपना दुश्मन मान लिया और उन्हें मार कर उनसे बदला लेने की कसम खाई। राणा उदय सिंह ने शम्ज़ खान को जीवन दान दे दिया जो कि उनकी एक बहुत बड़ी भूल थी। राणा उदय सिंह ने शम्ज़ खान को मेवाड़ छोड़कर जाने का हुक्म दिया। उस वक्त तो शम्ज़ खान वहां से चला गया परन्तु बाद में उसने अपना चेहरा बदल लिया। अपनी हार का बदला लेने के लिए उसने प्रताप को मारने के लिए कई उपाय किए।

गड़रिया लुहारों द्वारा अपना
भावी राजा चुनना

अफगानों को हराने के बाद प्रताप की ख्याति पूरे मेवाड़ में फैल गई। उनसे मिलने गड़रिया लुहार आए। उन्होंने कहा कि वे कुंवर प्रताप में अपना भावी राजा देखते हैं और उनके दर्शन करना चाहते हैं। कुंवर प्रताप को दरबार में बुलवाया गया। प्रताप को उनसे मिल कर खुशी के आंसू आ गए। कुंवर प्रताप जानते थे कि गड़रिया लुहार अनेक पीढ़ियों से मेवाड़ के लिए तलवारें तथा अन्य हथियार बना रहे हैं। प्रताप ने उन्हें सम्मान देते हुए कहा कि वे उनके गांव जाकर उनकी पूजा में शामिल होंगे। इस पर गड़रिया लुहार खुशी के मारे फूले नहीं समाए। राणा उदय सिंह की आज्ञा से प्रताप उन लोगों के गांव गए और उनकी पूजा में शमिल हुए। गड़रिया लुहारों ने उन्हें तलवार भेंट की। इस पर प्रताप ने उन्हें सुरक्षा का वचन दिया।

बाद के समय में जब महाराणा प्रताप ने महलों का त्याग कर दिया था तब इन्हीं गड़रिया लुहार जाति के हजारों लोगों ने भी अपने घर छोड़ दिए थे और दिन रात एक करके महाराणा की फौज के लिए तलवारें बनाई थी।

गुरु राघवेन्द्र का चुनाव

प्रताप न केवल अपने माता-पिता की इज्जत करते थे बल्कि दरबारियों की भी इज्जत करते थे। इतना आज्ञाकारी होने के बाद भी कई बार उनके पिता ने जाने-अनजाने या विवशता में उन्हें भीषण सजाएं सुनाईं जिनमें कारावास, देश-निकाला एवं मृत्यु-दंड आदि शामिल हैं। परन्तु प्रताप ने हर बार सिर झुकाकर, बिना किसी बहस के, हर सजा को सहर्ष स्वीकार किया। उन्होंने गुरु द्वारा दी गई सजाओं का भी सम्मान किया। श्री राघवेन्द्र उनके गुरु थे जो कि इतिहास के बड़े गुरुओं में से एक थे। उन्होंने प्रताप को हर तरह की शस्त्र विद्या में निपुण किया। न केवल शस्त्र विद्या बल्कि समय-समय पर उनका मार्गदर्शन भी किया और मनोबल भी बढ़ाया। यही कारण था कि प्रताप को कभी भी कोई धूल नहीं चटा पाया।

प्रताप ने पहली बार जब बिना किसी शिक्षा-दीक्षा के शम्ज़ खान के खिलाफ हुए युद्ध में भाग लिया और उसे हराने में अहम भूमिका निभाई, तब राणा उदय सिंह ने पहली बार सोचा कि उन्हें अपने पुत्रों की शिक्षा का इंतजाम करना चाहिए। वे उनके लिए कोई खास गुरु नियुक्त करना चाहते थे। अत: उन्होंने देश-भर में एक अच्छे गुरु की खोज शुरू करवा दी, परन्तु शायद भगवान ने गुरु राघवेन्द्र को उनके लिए चुन रखा था।

यूँ हुआ कि कुंवर शक्ति, कुंवर प्रताप की तारीफ से चिढ़ने लगे थे और उन्हें बार-बार चुनौती देते थे कि वे उन्हें हरा कर दिखाएं। एक बार कुंवर शक्ति ने कुंवर प्रताप को कहा कि चित्तौड़ की गुफाओं में बहुत से गुप्त दरवाजे हैं जो उन्हें तलहटी तक ले जाते हैं। उन्होंने प्रताप को ललकारा कि अगर गुप्त दरवाजा ढूंढ लिया तो वे उनकी वीरता का लोहा मान लेंगे। खेल-खेल में वे दोनों एक गुफा में चले गए और वहां से तलहटी का रास्ता

खोजने लगे। उनके साथ उनका एक मित्र भी था जो बेहद डरपोक था। गुफा में अंधेरा तो था ही, गन्दगी और गर्मी भी थी। काफी देर चलने के बाद, कुंवर शक्ति ने एक द्वार खोज लिया। वे अपने छोटे भाई के साथ उस दरवाजे से यह कह कर निकल गए कि ये द्वार तो उन्होंने खोजा है। कुंवर प्रताप अपना द्वार खुद ढूंढ लें। ऐसा कहकर कुंवर शक्ति और उनका भाई

जयमल राठौड़जी से तलवारबाजी सीखते हुए

महाराणा प्रताप के बचपन की शौर्य गाथा   ~~~ ~~~ ~~~   37

प्रताप और उनके दोस्त को छोड़ कर तलहटी की तरफ चले गए। अचानक एक बड़ी चट्टान जैसा दरवाजा उनके सामने आया। कुंवर प्रताप ने जैसे ही उस दरवाजे को खोल कर दूसरी तरफ कदम बढ़ाया वैसे ही रास्ता बंद हो गया है। चट्टान के एक तरफ प्रताप थे और दूसरी तरफ उनका डरपोक दोस्त था। रास्ता बंद होने के कारण घुटन और गर्मी बढ़ने लगी। डर, गर्मी और प्यास के कारण प्रताप के दोस्त बेहोश हो गए। अब प्रताप न आगे जा सकते थे और न ही पीछे। उधर कुंवर शक्ति और उनके भाइयों को आगे जाने पर एक बलशाली व्यक्ति दिखाई दिया। उन्होंने उस व्यक्ति को अन्दर फंसे कुंवर प्रताप और उनके दोस्त के बारे में बताया। उस व्यक्ति ने आकर उन दोनों को वहां से बाहर निकाला। फिर कुंवर प्रताप को बहुत फटकार लगाई। उन्होंने कहा कि जब तुम में अपने दोस्तों को बचाने की योग्यता नहीं है तो जोखिम क्यों उठाया? बोले कि तुम तो बहुत कच्चे खिलाड़ी हो! तुम्हारे हाथ में तो मेवाड़ का भविष्य बिलकुल सुरक्षित नहीं है। यह व्यक्ति कोई और नहीं, गुरु राघवेन्द्र ही थे। कुंवर प्रताप उनका बल देखकर बहुत प्रभावित हुए। उन्हें अपने किए पर बहुत दु:ख भी हुआ और उन्होंने गुरुजी से माफी भी मांगी। मन-ही-मन उन्हें अपना गुरु भी स्वीकार कर लिया। महल लौटकर उन्होंने राणा उदय सिंह को अपनी इच्छा बताई। गुरु राघवेन्द्र को खोजा गया और उनसे विनती की गई कि वे कुंवर प्रताप तथा अन्य राजघराने के बच्चों को शिक्षा दें।

गुरु राघवेन्द्र के अलावा मेड़ता के श्री जैमल राठौड़ जी ने कुंवर प्रताप को अस्त्र-शस्त्र चलाने में और ज्यादा निपुणता दी थी। हल्दीघाटी के युद्ध में वे 8000 राजपूत वीरों को लेकर 60000 मुग़लों से लड़े थे।मेघ सिंह जी ने भी प्रताप को अस्त्र-शस्त्र चलाने सिखाए। बहुत जल्द ही उन्हें तलवारबाजी, भाला चलाना और घुड़सवारी आ गई थी।

गोरिल्ला युद्ध पद्धति, किलाबन्दी आदि जैमल जी ने ही उन्हें सिखाया था। अपने से चालाक दुश्मन फौज को कैसे मात देनी है, ये गुर भी उन्होंने ही उन्हें सिखाए थे। 16 साल की उम्र से ही प्रताप को युद्ध के अभियानों की बागडोर सौंप दी गई थी। उन्होंने सांवलदास और उसके भाई को युद्ध में हराया था जिसकी भूरी-भूरी प्रशंसा हुई थी।

ৰ৾৵ ৰ৾৵ ৰ৾৵ ৰ৾৵ कीका

गुरु की शिक्षा

प्रताप के जीवन में कठिनाइयां शुरू हो गई थीं। इधर गुरु राघवेन्द्र बहुत सख्त गुरु थे। वे चाहते थे कि उनके शिष्य, खास तौर से प्रताप अनुशासन में रहें। वे उनकी कड़ी परीक्षा लेते थे। परीक्षा में पूरी तरह खरा उतरना होता था, नहीं तो वे बहुत गुस्सा होते थे। गुरुकुल में देर से पहुंचने पर भी दंड मिलता था। शुरू में प्रताप को हमेशा गुरुजी की झाड़ सुननी पड़ती थी परन्तु मेहनत और लगन से प्रताप उनकी आँखों के तारे हो गए थे।

गुरुजी ने एक बार 'नियंत्रण' पर शिक्षा दी। उन्होंने अपने शिष्यों को बताया कि जीवन में नियंत्रण और संतुलन बहुत जरूरी है। यदि व्यक्ति का अपनी आदतों या इन्द्रियों पर नियंत्रण नहीं है तो युद्ध भूमि में शुत्र इस बात का फायदा उठा कर उसे हरा सकता है। भूख, प्यास, नींद, छींक आदि पर एक योद्धा का नियंत्रण होना चाहिए नहीं तो शत्रु उसकी इन कमजोरियों की वजह से उनके छक्के छुड़े सकता है।

उन्होंने बताया कि योद्धा बनने के लिए संयम और संतुलन भी बहुत आवश्यक है। मानसिक और शारीरिक संतुलन यदि नहीं होगा तो युद्ध लड़ने में कठिनाई होगी और इससे व्यक्ति हार सकता है।

उन्होंने यह भी बताया कि किसी काम का पूरा होना और लगभग पूरा होना में बहुत अंतर है। सही निशाना लगाना और लगभग निशाना लगाने में युद्ध भूमि के परिणाम में परिवर्तन ला सकता है।

इसलिए दोस्तो! हमें भी प्रताप के गुरुजी द्वारा दी गई शिक्षा को समझ कर अपने जीवन में उतारना चाहिए। हमें अनुशासन में रहना चाहिए। अपने ऊपर और अपनी आदतों पर नियंत्रण होना चाहिए। जब तक हमारे काम पूरे नहीं हो जाते तब तक हमें चैन की सांस नहीं लेनी चाहिए।

प्रताप बचपन से ही बहुत बहादुर थे। उनकी वीरता देखकर लोग दांतों

तले उंगली दबा लेते थे। वे जितने वीर थे, उतने ही स्वभाव से सहज और सरल थे। वे साहसी तो थे ही, निडर भी थे। वे बहुत लोकप्रिय भी थे। खेल-खेल में ही बच्चों के साथ टोली बना लेते थे और उनके साथ ढाल और तलवार लेकर युद्ध करने का अभ्यास करते थे। अस्त्र-शस्त्र चलाने में वे निपुण हो गए थे। नेतृत्व का गुण तो उनमें बचपन से ही था। अच्छे गुरु के संग से उनकी ताकत रंग लाई। गुरु राघवेन्द्र न केवल कुंवर प्रताप के गुरु थे बल्कि वे कुंवर शक्ति, सागर और जगमाल को भी शिक्षा देते थे।

एक बार की बात है, गुरुजी ने चारों राजकुमारों को तालाब में से कमल का फूल लाने को कहा। गुरु की आज्ञा पाकर चारों राजकुमार तालाब में कूद गए और फूल लाने के लिए एक दूसरे से होड़ करने लगे। बीच में ही कुंवर जगमाल थक गए और डूबने लगे। तब प्रताप ने आगे बढ़कर कुंवर जगमाल की मदद की। इधर कुंवर शक्ति सिंह कमल लेकर गुरुजी के पास पहुंच गए और कहने लगे कि मैं सबसे पहले कमल का फूल लेकर आया हूं। इस पर गुरुजी बोले कि प्रताप तुम्हारे आगे था पर वो अपने भाई की मदद करने के कारण पहले नहीं पहुंच सका। ऐसा सुनकर शक्ति सिंह की सारी खुशी उड़न छूं हो गई। फिर गुरुजी ने कहा कि अब मुझे देखना है कि तुम में से सबसे अच्छा घुड़सवार कौन है? ये घोड़े लो और उस टीले से जो पहले आएगा वो ही विजयी रहेगा। दौड़ शुरू होने से पहले ही कुंवर जगमाल ने अपने हाथ खड़े कर दिये और कहा कि मैं नहीं जाऊँगा उस टीले तक। मैं थक चुका हूं। गुरुजी ने कहा कि कोई बात नहीं जगमाल मेरे साथ ही रहेगा। तुम लोग जाओ। कुंवर प्रताप सबसे पहले उस टीले से लौट आये उसके बाद कुंवर शक्ति सिंह और कुंवर सागर सिंह सबसे आखिर में आया। गुरुजी ने कुंवर प्रताप की बहुत ही प्रशंसा की थी। इस पर कुंवर शक्ति सिंह जलभुन गया। कुंवर शक्ति सिंह भी बहुत साहसी था पर कुंवर प्रताप से तुलना होने पर वो हर बार हार जाता था जो उसको पसंद नहीं था।

ऐसा ही एक और किस्सा है। एक बार जंगल में गुरु जी चारों राजकुमारों को कुछ शिक्षा दे रहे थे कि तभी एक बाघ शक्ति सिंह को पीछे से झपटने के लिए आगे बढ़ा। शक्ति सिंह डर से हिल भी न पाया था। गुरुवर कुछ कर पाते कि प्रताप ने सामने रखा भाला बाघ के सीने में डाल दिया बाघ वहीं ढेर हो गया। तब शक्ति सिंह की जान में जान आई। शक्ति सिंह ने प्रताप का धन्यवाद किया और गुरुजी ने भी प्रताप की बहुत प्रशंसा की।

बार-बार जीवन दान

कुंवर प्रताप का जीवन कांटों की शय्या से कम नहीं था। माना कि वे अपने पिता के सबसे बड़े बेटे थे और बड़े राजकुमार होने के कारण अपने पिता के बाद वे ही उनके उत्तराधिकारी होते, परन्तु ऐसा नहीं था। उनका सबसे बड़ा राजकुमार होना उनकी जान का दुश्मन हो गया। उनका वीर होना, उनका सरल होना, उनका आज्ञाकारी होना, सब उनके खिलाफ हो गया। रानी सज्जा बाई का पुत्र कुंवर शक्ति सिंह जो उनसे उम्र और वीरता में थोड़ा कम था, खुद युवराज बनना चाहता था। इसलिए कुंवर प्रताप उनकी आँखों में खटकते थे। उनकी छोटी माँ रानी भटियानी अपने पुत्र कुंवर जगमल को राजगद्दी पर बिठाना चाहती थी। किसी तरह कुंवर प्रताप से राणा उदय सिंह नाराज हो जाएं या मेवाड़ की जनता कुंवर प्रताप को न चाहे, इसके लिए रानी भटियानी कोशिश करती रहती थी, पर हर बार पासा पलट जाता था। प्रताप सदा विजयी होकर लौटते थे। वह लोगों का दिल तो चुटकियों में जीत लेते थे। वे सबके दिलों के राजा थे और सब उन्हें अपने भावी राजा के रूप में स्वीकार कर चुके थे जो कि रानी भटियानी को बिलकुल बर्दाश्त नहीं था। वो कुंवर प्रताप पर बार-बार प्राणघाती हमले करवाती रहती थी। यूं तो कुंवर प्रताप पर अनेक प्राणघाती हमले हुए परन्तु उनके माता-पिता के आशीर्वाद, उनकी प्रजा की दुआओं और ईश्वर की कृपा से वे हर बार बच पाए।

जब प्रताप केवल बारह वर्ष के रहे होंगे तब उनकी सौतेली माँ रानी भटियानी यानी रानी धीरबाई जी ने दूध में विष मिलाकर उन्हें मारने की योजना बनाई। जिस दासी के द्वारा यह काम वो करवाना चाहती थी उस दासी ने रानी भटियानी को समझाने की बहुत कोशिश की परन्तु उन्हें तो अपने पुत्र जगमाल को युवराज बनवाना था। उन्हें यह पता चल चुका था

कि प्रताप एक योग्य बालक हैं और वे सबके चहेते भी हैं। उनके रहते उसका बेटा कभी गद्दी पर नहीं बैठ पाएगा। इसलिए उसने सोचा कि क्यों न प्रताप का काम तमाम कर दिया जाए। इसलिए दासी के समझाने का भी उन पर कोई असर नहीं हुआ। उन्होंने दूध की ठंडाई बनाते वक्त उसमें विष मिला दिया और खुद अपने हाथों से उन्हें वो गिलास पकड़ाया। किसी ने भी नहीं सोचा था कि उसमें जहर होगा। इसलिए प्रताप उसे पीने ही लगे थे कि तभी धीरबाई जी की दासी वहां आ गई और उसने कुंवर प्रताप को वह दूध पीने नहीं दिया। कुंवर प्रताप की जान बच गई, परन्तु सब हैरान थे। महारानी जयवंता बाई जी तो बेहद घबरा गई। उन्हें काटो तो खून नहीं। उनका चेहरा सफेद पड़ गया। उनको बहुत गुस्सा भी आया कि मेरे पुत्र को कौन मारना चाहता है और क्यों? इस प्रश्न का उत्तर उस वक्त तो उन्हें नहीं मिला, पर काफी छानबीन के बाद उन्हें यह पता चल गया कि धीरबाई जी उनके बेटे को मरवाना चाहती थीं। यह बात उन्होंने राणा उदय सिंह को जब बताने की कोशिश की तो वे महारानी जयवंता बाई जी से नाराज हो गए। वे धीरभाई जी से अंधा प्रेम करते थे और उसके खिलाफ एक शब्द भी नहीं सुनना चाहते थे। इससे धीरबाई जी का हौसला और अधिक बढ़ गया और वे रोज-रोज नए-तरीके निकालने लगीं प्रताप को मरवाने के।

बशर खान का अन्त

जैसा आपने अभी पढ़ा कि प्रताप के जीवन में कई परेशानियां और पीड़ाएं आईं और उसी में से एक पीड़ा देने वाले व्यक्ति का नाम बशर खान था। ऐसा कहते हैं जिस व्यक्ति का वह नाम लेता था वह कभी बचता नहीं था। उसे मेवाड़ में जाने के लिए शम्ज़ खान ने कहा था। जितनी अशर्फियां बशर खान ने मांगी थीं उसने उससे कहीं अधिक अशर्फियां उसे दी प्रताप को मारने के लिए। अशर्फियां देते समय उसने यह भी कहा कि प्रताप बचना नहीं चाहिए। इसी के साथ बशर खान मेवाड़ में प्रताप का गुरु बनकर गया, कुश्ती सिखाने वाला गुरु। राणा उदय सिंह, यानी प्रताप के पिता ने उन्हें आज्ञा दी कि वह कुश्ती सिखा सकते हैं। अब प्रताप के गुरुकुल में एक गुरु नहीं, दो गुरु थे। एक गुरु राघवेन्द्र और दूसरा बशर खान। बशर खान एक बलशाली योद्धा होने के साथ-साथ बहुत चालाक व्यक्ति भी था। उसने मेवाड़ जाने के बाद अपना नाम इब्राहिम खान रख लिया था। बेशक वह कुंवर प्रताप को मारना चाहता था लेकिन गुरुकुल में जो कुश्ती उसने सिखाई वह प्रताप के बहुत काम आई थी। उसने सिखाया कि अपने पैरों की पकड़ मजबूत रखो, दुश्मन की आंखों में आंखें डालकर देखो। बशर खान अपने पास खूंखार हथियार तो रखता ही था साथ ही वह अपने पास खून चूसने वाली जोंक भी रखता था। बशर खान ने कई प्रयास किए प्रताप को मारने के लिए, लेकिन उतनी ही बार वह चूका भी। एक बार प्रताप उसकी वजह से मौत के मुंह में चले गए थे परन्तु ईश्वर की कृपा से मौत के मुंह से बाहर निकलकर भी आए थे। हुआ यूं कि प्रताप के गुरु, गुरु राघवेन्द्र जी ने गुरुकुल के सभी शिष्यों को बोला कि वे घुडसवारी करेंगे। उन्होंने जगह-जगह पर लाल झंडे बांध कर सीमा बना दी और सभी शिष्यों को

समझा दिया कि वे लाल झंडे से आगे नहीं जाएंगे। गुरु राघवेन्द्र जी ने प्रताप को यह कहा कि आप पहले से ही घुड़सवारी जानते हैं तो आप यह भारी वाली काठी घोड़े पर बांधेंगे। प्रताप ने उसे कई बार बांधने की कोशिश की लेकिन वह नाकामयाब रहे। तभी बशर खान वहां पहुंचे और उन्होंने कहा कि लाइए मैं बांध देता हूं। फिर बशर खान उसे बांधकर चले गए। उसी समय बशर खान ने कुछ खून चूसने वली जोंक प्रताप के घोड़े पर डाल दीं। प्रताप अपने घोड़े पर बैठकर चले गए। कुछ देर बाद गुरुकुल के शिष्यों यानी प्रताप के मित्रों ने गुरु राघवेन्द्र जी को यह सूचना दी कि प्रताप जंगल में खो गए हैं उनका घोड़ा बिदक गया था और उस लाल झंडे से आगे प्रताप को लेकर चला गया। यह बात सुनकर बशर खान बहुत खुश हुआ और उसने नाटक करते हुए कहा कि मैं प्रताप को ढूंढ़ने जाता हूं। ताकि वह प्रताप को अकेला पाकर मार सके। प्रताप का घोड़ा हिनहिना रहा था और प्रताप के नियंत्रण से बाहर हो गया था। क्योंकि जोंकें घोड़े का खून चूस रही थीं।

वहां बशर खान प्रताप को मारने के लिए ढूंढ़ रहा था तभी उसको प्रताप दिख गया। उसने अपना हथियार निकाल कर प्रताप पर फेंका। प्रताप घायल हो गए। उन्हें धुंधला दिखने लगा। उसने अपना हथियार दूसरी बार फेंका और वह सीधा जाकर प्रताप के हाथ पर लगा। वह गिर पड़े और घोड़े की लगाम की रस्सी पर लटक गए। उनका घोड़ा तेजी से दौड़ने लगा। उनके पैर से रस्सी निकली और वह नदी में गिर पड़े। बशर खान को लगा कि प्रताप मर गए, परन्तु भगवान ने उन्हें बचाने के लिए एक आदमी को भेज दिया जिसने उन्हें किनारे लाकर लिटा दिया। सब प्रताप को खोज रहे थे। बशर खान में जब प्रताप को जीवित देखा तो उसे बहुत गुस्सा आया। वहां मेवाड़ के राजमहल में यह बात फैल गई कि प्रताप की जान खतरे में हैं। उदय सिंह के एक सामंत गुरुकुल में यह संदेश पहुंचाने के लिए गए। प्रताप को मारने वाले व्यक्ति को पकड़ने के लिए प्रताप के गुरु ने एक चाल चली। उन्होंने घोषणा की कि रात को गुरुकुल में एक स्पर्धा होगी ताकि प्रताप का दुश्मन मारा जाए। यह स्पर्धा रात्रि को होनी थी। अब बशर खान को एक और मौका मिला था प्रताप को मारने के लिए। उसने प्रताप के लिए जंगल में जाल बिछा दिए। रात्रि हुई और स्पर्धा शुरू हुई। स्पर्धा कुछ ऐसी थी कि विद्यार्थियों को तीन पड़ाव पार करने थे। उसके बाद जो सबसे पहले विशाल

पेड़ के पास पहुंचेगा उसे एक खंजर मिलेगा जो उस पेड़ के नीचे ही था पुरुस्कार के तौर पर। प्रताप के दोस्त एक-के-बाद एक हार मानते जा रहे थे। आखिर में प्रताप और उनहें छोटे भाई शक्ति ही बचे थे। कुछ देर बाद शक्ति ने भी हार मान ली, लेकिन भारत का वीर योद्धा आगे बढ़ा जा रहा था बिना किसी डर के। बशर खान प्रताप का पीछा कर रहे थे और उसका पीछा गुरु राघवेन्द्र जी कर रहे थे। कुछ देर बाद गुरु राघवेन्द्र जी ने बशर खान को पकड़ लिया लेकिन बशर खान ने जो प्रताप के लिए जाल बनाया था उसमें गुरुजी फंस गए। बशर खान आगे चला गया। फिर बशर खान और प्रताप का आमना-सामना हुआ। जब प्रताप को पता चला कि बशर खान उसका दुश्मन है तब प्रताप को बहुत क्रोध आया। बशर खान ने अपने खंजर से प्रताप पर वार किया लेकिन वह चूक गया और प्रताप ने उसके हाथ से खंजर लेकर फेंक दिया। फिर कुश्ती हुई। प्रताप को बशर खान की बात याद थी। वही बात जो मैंने आपको पहले बताई थी। वह बात थी पैरों की पकड़ मजबूत रखो आंखों-में-आंखें डालकर देखो। मैंने साथ में यह भी कहा था कि वह बातें उसके बहुत काम आई थीं। लड़ते-लड़ते प्रताप को वह खंजर दिखाई पड़ा उसने तेजी से दौड़कर उस खंजर को उठा लिया और बशर खान को घायल कर दिया। इतने में वहां राजा उदय सिंह अपने सैनिकों के साथ पहुंच गए और बशर खान के षड्यंत्रों का अंत हो गया।

रानी धीरबाई जी का षड्यंत्र

रानी धीरबाई जी को पता था कि प्रताप उनकी हर बात मानते हैं। इसलिए उन्होंने एक चाल चली। यह बात उस समय की है जब कुंवर प्रताप और कुंवर शक्ति के बीच प्रतिस्पर्धा का आयोजन किया गया था। इस प्रतिस्पर्धा का आयोजन इसलिए किया गया क्योंकि मेवाड़ का उत्तराधिकारी तय करना था। यूं तो राणा उदय सिंह प्रताप को ही अपना उत्तराधिकार मानते थे और इसकी घोषणा भी करना चाहते थे, परन्तु रानी धीरबाई जी और रानी सज्जा बाई इसका विरोध कर रही थीं। रानी धीरबाई जी का पुत्र तो केवल छह माह का ही था। इसलिए वे खुलकर बोल भी नहीं रही थीं। रानी धीरबाई ये नहीं दिखाना चाहती थीं कि वो अपने पुत्र को युवराज बनाना चाहती हैं। इसलिए पहले उन्होंने रानी सज्जा बाई को उकसाया। उन्होंने रानी सज्जा बाई को कहा कि उनका पुत्र शक्ति सिंह प्रताप से ज्यादा योग्य है और प्रताप से उम्र में जरा-सा ही छोटा है। तो क्यों न उसे युवराज घोषित किया जाए। रानी सज्जा बाई को रानी धीरबाई जी की बात खूब जंची। उनका पुत्र शक्ति सिंह भी यही चाहता था, तो उन लोगों ने मिल कर एक योजना बनाई कि कुंवर प्रताप और कुंवर शक्ति के बीच प्रतिस्पर्धा का आयोजन किया जाए और जो जीते उसे उत्तराधिकारी घोषित किया जाए।

धीरबाई जी चाहती थीं कि कुंवर प्रताप विजयी न हो जाएं। इसलिए उन्होंने एक षड्यंत्र रचा। उन्होंने प्रताप को बुलवाया और कहा कि पूजा के लिए उन्हें कमल के फूल चाहिए जो केवल घाटी के पास नदी के किनारे मिलते थे। वह रास्ता बड़ा जोखिम भरा था। मगर प्रताप को कहां परवाह थी। वह चल पड़ा अपनी छोटी माँ के साथ। छोटी माँ धीरबाई जी की गोदी में उनका छह महीने का बेटा कुंवर जगमाल भी था और साथ में उनकी

खास दासी भी थी। प्रताप ने उन लोगों को वहीं रुकने को कहा और स्वयं फूल लेने के लिए आगे बढ़े। जैसे ही प्रताप फूल लेने के लिए आगे बढ़े, धीरबाई जी ने कुंवर जगमाल को जमीन पर लिटा दिया और उस पर लाल कपड़ा डाल दिया। वहीं पर कुछ मवेशी थे। लाल कपड़ा देखकर वे पागल हो गए और कुंवर जगमाल की तरफ बढ़ने लगे। यह देखकर दासी घबरा गई और कुंवर जगमाल को बचाने के लिए दौड़ी मगर धीरबाई जी यह नहीं चाहती थीं। उन्होंने दासी का हाथ पकड़ लिया और उसे कुंवर जगमाल को बचाने से मना किया। फिर धीरबाई जी ने रोने का नाटक करते हुए प्रताप को आवाज लगाई कि कुंवर जगमाल को बचा लो। दासी को कुछ समझ में नहीं आ रहा था कि धीरबाई जी ने पहले अपने बच्चे के प्राण संकट में डाले फिर दासी को उसे बचाने के लिए मना किया और अब कुंवर प्रताप को आवाज लगा रही हैं सहायता के लिए। प्रताप ने जैसे ही धीरबाई जी की पुकार सुनी उन्होंने पलट कर देखा। उनको संकट का अंदाजा लग गया था। वो वीरपुत्र दौड़ा हुआ आया। मवेशी जगमाल तक पहुंचने ही वाले थे। प्रताप ने पूरी जान लगा कर जगमाल की तरफ छलांग लगाई और लाल कपड़ा उसके ऊपर से उतार कर फेंक दिया। फिर उन्होंने जमीन से कुंवर जगमाल को उठाया और रानी धीरबाई जी की गोद में उसे रखा। मवेशियों में भगदड़ मच चुकी थी। प्रताप उनके बीच घिर चुके थे। उन्होंने अपना संतुलन खो दिया और जमीन पर गिर गए। एक-के बाद एक मवेशी उनके ऊपर से चढ़ कर भागने लगे। प्रताप बुरी तरह लहूलुहान हो गए। उनके घुटने बुरी तरह जख्मी हो गए। बड़ी मुश्किल से वे महल तक पहुंचे। उनकी माँ रानी जयवंता बाई जी ने जब उनकी ये हालत देखी तो वे बड़ी दुःखी हुईं। उन्होंने तुरंत वैद्यजी को बुलवाया। वैद्यजी ने एक लेप तैयार किया और उनके जख्मों पर लगाया। किन्तु उन्होंने कहा कि उनके जख्मों को ठीक होने में काफी वक्त लगेगा और उन्हें आराम की सख्त जरूरत है। उसी दिन प्रतिस्पर्धा होनी थी। प्रताप ने निर्णय लिया कि वे प्रतिस्पर्धा में हिस्सा नहीं लेंगे। राणा उदय सिंह तथा अन्य लोगों को इस घटना का पता नहीं था। वे प्रतिस्पर्धा वाले स्थान पर बैठे थे। सभी लोग वहां उपस्थित थे केवल प्रताप ही नहीं थे। सब प्रताप का इन्तजार कर रहे थे। परन्तु प्रताप तो बिस्तर में

बेहोश पड़े थे। काफी देर तक जब प्रताप नहीं आए तो गुरु राघवेन्द्र प्रताप को देखने उनके कक्ष में गए। गुरु राघवेन्द्र ने देखा कि प्रताप बेहोश पड़े हैं। उनके शरीर पर अनेक घाव हैं। उन्हें यह देखकर दु:ख भी हुआ और आश्चर्य भी। फिर उन्होंने दु:ख से बाहर निकलते हुए प्रताप को झंझोड़ कर उठाया। गुरु को देख कर कुंवर प्रताप ने उन्हें प्रणाम किया और कहा कि उनकी शारीरिक हालत ठीक नहीं हैं। अत: वे प्रतिस्पर्धा में हिस्सा नहीं ले पाएंगे। प्रताप ने बताया कि वे खड़े भी नहीं हो पा रहे हैं। इस पर भी गुरु राघवेन्द्र ने प्रताप को कुंवर शक्ति का सामना करने को कहा, पर प्रताप की हालत कुछ ज्यादा ही खराब थी। वे बिस्तर से उठ भी नहीं पा रहे थे। गुरु के ललकारने के बावजूद भी प्रताप हिम्मत नहीं जुटा पा रहे थे। ऐसे समय में यह कुंवर प्रताप की ही नहीं गुरु की भी परीक्षा और प्रतिष्ठा का सवाल बन गया था। इस समय जो काम प्रताप के गुरु जी ने किया वह काम संसार के विरले गुरु ही कर सकते हैं।

उन्होंने कुंवर प्रताप में जोश भरने के लिए कहा कि 'शक्ति शरीर का नहीं मन का गुण होती है।' यदि तुम्हारे मन में शक्ति है तो तुम्हारा शरीर तुम्हारा साथ जरूर देगा। क्योंकि शरीर तो केवल साधन मात्र है। असली ताकत तो हमारे मन में होती है। उन्होंने कहा कि अपने मन को तैयार करो। उसे कहो कि वो स्वस्थ है और किसी का भी सामना कर सकता है। उसे कुंवर शक्ति को हराना है। उसके लिए मन में बल तैयार करो। अपने शरीर को कहो कि वो मन की आज्ञा का पालन करे। प्रताप को अपने गुरु पर पूरा विश्वास था। उनके दिल को उनके गुरु की बात छू गई। उन्होंने एक ही पल में अपने मन को तैयार किया और अपने गुरु के कहे अनुसार अखाड़े में पहुंच गए प्रतिस्पर्धा में हिस्सा लेने के लिए। वहां पर उनको विजय प्राप्त हुई। यह भी किसी चमत्कार से कम नहीं था।

दोस्तों! हमारा भी मन हमें कुछ-कुछ कहता है। कभी टॉफी खाने को तो कभी पिज्जा खाने को। कभी खेलने को तो कभी सोने को। कभी वीडियो गेम खेलने को तो कभी पढ़ाई न करने को। कभी-कभी हमारा मन करता है कि स्कूल द्वारा दिया गया गृहकार्य भी न करें। परीक्षा की तैयारी करने का मन भी नहीं करता। लगातार अध्ययन करने का तो बिल्कुल भी नहीं। घर

में कोई बड़ा अगर काम दे दे या काम के लिए आवाज भी लगाए और हम टी.वी. देख रहे हों तो हम उनकी बात अनसुनी कर देते हैं। हमारी जिंदगी का राजा हमारा मन हो गया है। हमने बुद्धि से काम करना छोड़ दिया है। हम खेलकर आते हैं तो हमारा मन कहता कि हम थक गए हैं। हम स्कूल से आते हैं तो हमें लगता है कि हम थक गए हैं।

पर दोस्तो! क्या हम वाकई थक गए होते हैं? यदि हां, तो हमें आराम करना चाहिए। पर हम आराम नहीं करते। हम तो टी.वी, वीडियो गेम, मोबाइल में लग जाते हैं। इसका मतलब ये हुआ कि हमारे अंदर ताकत तो बहुत है पर हम उसका इस्तेमाल केवल अपने मनोरंजन के लिए करते हैं। हम यह भी भूल जाते हैं कि हमारे माता-पिता हमारा सुबह से इंतजार कर रहे होते हैं कि हमारा बच्चा आएगा और हमसे बात करेगा। हम लोग बस अपने ही मनोरंजन में लगे रहते हैं। हमें ऐसा नहीं करना चाहिए।

शम्ज़ खान का अंत

ऐसा मैं एक और किस्सा सुनाता हूं। शम्ज़ खान जैसे वीर अफ़गानी को कुंवर प्रताप ने कैसे मौत के घाट उतारा। जैसा कि पहले ही मैं बता चुका हूं कि कुंवर प्रताप और कुंवर शक्ति के बीच उत्तराधिकारी चुने जाने की प्रतिस्पर्धा का आयोजन किया गया था। उस प्रतिस्पर्धा में कई प्रतियोगिताएं होनी थीं जिसमें तलवारबाजी, भाला फेंकना, तीरंदाजी, आंख पर पट्टी बांध कर निशाना लगाना जैसे अनेक खेल हुए थे, जिनमें कुंवर प्रताप ने कुंवर शक्ति को हरा दिया था। जिस स्थान पर यह आयोजन किया गया था वहां शम्ज़ खान अपना चेहरा बदल कर आया हुआ था। मैंने यह भी बताया था कि शम्ज़ खान को जब पता चला कि प्रताप ने उनका झंडा उखाड़ कर फेंक दिया था तो मन ही मन उसने प्रताप को अपना दुश्मन मान लिया था और उसे मार कर उससे बदला लेने की कसम खाई थी। राणा उदय सिंह ने शम्ज़ खान को मेवाड़ छोड़कर जाने का हुक्म दिया था। उस वक्त तो शम्ज़ खान वहां से चला गया था परंतु बाद में उसने अपनी हार का बदला लेने के लिए और कुंवर प्रताप को मारने के लिए अपना चेहरा बदल लिया था।

उसने उस जगह पर बारूद बिछा दिया था जहां उसे लग रहा था कि जीतने के बाद कुंवर प्रताप आएगा। इस बात का शायद कुंवर प्रताप के दोस्त सोम को पता चल गया था। सोम इस बात को कुंवर प्रताप को बताना चाहता था पर वो कैसे बताता क्योंकि कुंवर प्रताप तो कुंवर शक्ति के साथ प्रतिस्पर्धा करने में लगे हुए थे। प्रतियोगिता के बीच वो इस बात को राणा उदय सिंह को भी नहीं बता सकता था। उसने वहां खड़े सिपाहियों को यह बात बताने की कोशिश की परन्तु किसी ने उसकी बात पर ध्यान नहीं दिया। वे सब प्रतियोगिता का आनंद उठा रहे थे और उन्हें लग रहा था कि

~ ~ ~ ~

ये छोटा बच्चा मनगढ़ंत कहानी सुना रहा है। जैसे ही प्रतियोगिता समाप्त हुई और प्रताप के जीतने की घोषणा होने वाली थी शम्ज़ खान ने अपने द्वारा बिछाये गये बारूद में आग लगा दी। आग प्रताप तक न पहुंचे इसके लिए सोम बारूद में लगे हुए पलीते को उखाड़ने में लगा हुआ था। वो काफी हद तक सफल भी हो गया था परन्तु शम्ज़ खान तो उसमें आग लगा चुका था और वो आग सोम के हाथ में जो पलीता था उस तक आ गई। सोम बारूद में ढेर हो गया। जोर से धमाका हुआ, सोम के चीथड़े उड़ गए। प्रतियोगिता बीच में ही रुक गई। कुंवर प्रताप ने देखा कि उसका प्रिय दोस्त सोम उसे बचाने के लिए आग में कूद पड़ा। प्रताप फूट-फूट कर रोने लगे। अब सिपाही लोग हरकत में आ गए और बारूद बिछाने वाले को तलाशने लगे। थोड़ी ही देर बाद पता चला गया कि बारूद शम्ज़ खान ने प्रताप को मारने के लिए बिछाया था। प्रताप को बहुत क्रोध आया। वह उठे और चल पड़े। शम्ज़ खान को मारने के लिए बहुत देर तक पीछा करने पर उन्होंने शम्ज़ खान को पकड़ लिया। फिर दोनों में घमासान युद्ध हुआ। प्रताप ने शम्ज़ खान को बहुत पीटा और अंत में तलवार से उसे काट डाला। इस तरह उन्होंने अपने दोस्त की मौत का बदला शम्ज़ खान को मौत के घाट उतार कर लिया।

संवेदनशील प्रताप

हर जीत के साथ प्रताप को बचपन से ही अपने किसी प्रिय को खोना पड़ता था। जैसे उन्होंने अपने प्यारे दोस्त सोम को खोया। वह उनके साथ महल में ही रहता था। दोनों एक दूसरे को बहुत प्यार करते थे। जैसा कि पिछले पन्ने में आपने पढ़ा कि प्रजा और प्रताप को बचाने के लिए सोम ने अपने प्राण गंवा दिए। प्रताप के सामने उनका दोस्त बारूद से ढेर हो गया था। सोम प्रताप की ही उम्र का था। यही कोई 12-15 वर्ष का। उसकी मौत पर प्रताप फूट-फूट कर रोए। प्रताप को शम्ज़ खान पर इतना गुस्सा आया था कि उन्होंने उसे मौत के घाट उतार दिया। पर फिर भी उनके भावुक मन को शांति नहीं मिली। उनके मन के अंदर मानों एक साथ हजारों तूफान उठ रहे थे। उन्हें अपने दोषी होने का अहसास भी हो रहा था। प्रजा शम्ज़ खान को मार गिराने पर प्रताप की जय-जयकार कर रही थी। फिर भी प्रताप को उस बात का अफसोस था कि उनके दोस्त के प्राण चले गए। इस समय भी प्रताप को उनकी माँ ने ही सहारा दिया था। उन्होंने उन्हें समझाया कि प्रजा उनकी जय-जयकार इसलिए कर रही है क्योंकि उनको प्रताप में अपने राज्य का अच्छा भविष्य दिखाई दे रहा है। प्रजा अपने को सुरक्षित महसूस कर रही है। और उनका प्रेम प्रताप के लिए बढ़ता जा रहा है। प्रजा को प्रताप में एक न्यायप्रिय राजा दिखाई दे रहा है जो अन्याय के खिलाफ किसी भी हद तक जा सकता है। उनकी माता ने उन्हें समझाया कि उनका जन्म दुखी होने के लिए नहीं हुआ है। उन्हें दुखी होने का अधिकार तो है पर दु:ख को अपने साथ रखने का नहीं है। जो दु:ख का कारण है उसे मिटाते हुए जीवन में आगे बढ़ते जाना है।

दोस्तो! उनकी माता ने कहा कि जीवन में कठिनाइयां तो आती ही रहती

हैं लेकिन हमें उस समय में हिम्मत नहीं हारनी है। न ही जरूरत से ज्यादा जोश दिखाना है। क्योंकि जोश में व्यक्ति होश खो बैठता है और बेहोश व्यक्ति कैसे किसी कठिनाई का सामना करेगा? इसलिए हम सबको कठिन से कठिन परिस्थिति में घबराना नहीं चाहिए बल्कि होश से परिस्थिति को समझ कर उसके अनुसार कदम उठाना चाहिए। ये थी उनकी माँ की सीख जो उन्हें हर वक्त हर परिस्थिति में विजय दिलाती रही।

जानते हो दोस्तो! एक और बात जो मुझे हैरान करती है वह है उनकी माँ द्वारा उन्हें अपने आप को उन लोगों पर लुटाने की प्रेरणा देना जो उनमें विश्वास रखते थे।

प्रताप और उनके पिता राणा उदय सिंह

साथियों, मेरी माँ कहती है कि पिता बरगद के पेड़ की तरह होते है- घने, छायादार, मजबूत और रूखे। पिता जिंदगी की कठिनाइयां सहते हैं पर अपने बच्चों पर छाया बना कर रखते हैं। पिता बहुत मजबूत होते हैं। मेरी माँ कहती है कि पिता की बातें सिर्फ बातें नहीं होतीं- शिक्षा होती है। उनमें वजन होता है। उनकी बातों का पालन करने से हम में भी मजबूती आती है। अंतिम बात कि पिता रूखे होते हैं, मैंने जरूर जाना। जो प्यार माँ से मिलता है वो प्यार पिता न दिखा सकते हैं और न ही दे सकते हैं। कुंवर प्रताप के विषय में भी यह बात उतनी ही सच थी। उनके पिता को अपना राज्य बचाने के लिए युद्ध करना पड़ा था। अफगानों का कुछ हक मेवाड़ पर बना हुआ था। अफगानियों की एक छावनी मेवाड़ में बनी हुई थी। शम्ज़ खान अफगानियों का नेतृत्व करता था। मेवाड़ के किले की चाबी अफगानियों के पास थी। 'कर' के रूप में मेवाड़ को अफगानियों को कुछ-न-कुछ देना पड़ता था। उनकी छावनी की तरफ जाना मना था। किसी भी राजा की तरह राणा उदय सिंह को भी यह पराधीनता मन में कचोटती रहती थी और वे खुश नहीं थे। अपनी स्वाधीनता के लिए वे कई-कई दिनों तक पूजा-पाठ, यज्ञ आदि करते थे। काफी दिनों तक वे महल में भी नहीं जाते थे। वे देवी-देवताओं को प्रसन्न करने के लिए तरह-तरह के उपाय करते रहते थे।

कुंवर प्रताप, जो कि राजा उदय सिंह जी की सबसे बड़ी रानी के सबसे बड़े पुत्र थे, इन सब बातों को समझते थे। कुंवर शक्ति सिंह रानी सज्जा बाई जी के बड़े पुत्र थे और कुंवर प्रताप से उम्र में कुछ ही छोटे थे। कुंवर प्रताप जितने शांत और आज्ञाकारी थे कुंवर शक्ति उतने ही क्रोधी और जिद्दी थे। वे कुंवर प्रताप से जलते थे और अपने आप को महान साबित करने के

～ ～ ～ ～

चक्कर में कोई-न-कोई गलती कर बैठते थे जिससे राणा उदय सिंह हमेशा कुंवर शक्ति से नाराज रहते थे तथा उन्हें अनेक सजाएं सुनाते रहते थे। हर बार कुंवर प्रताप अपने पिता को कुंवर शक्ति की सजा माफ करने के लिए मनाते थे और काफी हद तक माफी दिलवा भी देते थे, पर कई बार तो कुंवर प्रताप को भी उनके पिता ने अनेक दंड दिए। कारावास से लेकर मृत्यु दंड तक। देश-निकाला से लेकर राजा न बनाने तक।

पर दोस्तो! प्रताप न तो कभी नाराज हुए, न उन्होंने कभी अपने पिता को बुरा कहा। बल्कि उन्होंने तो सदा उनकी आज्ञा का पालन किया। कभी अपने पिता से सवाल नहीं किया कि वे उन्हें सजा क्यों दे रहे हैं? राणा उदय सिंह को शुरू से ही यह लगता था कि प्रताप में एक अच्छे राजा होने के सभी गुण हैं और इसलिए इस कठोर पिता ने खुश होकर अपने इस बेटे को एक रत्न धारण करने को भी दिया। वे राज्य के बारे में कुंवर प्रताप से, जब कुंवर प्रताप 12-13 साल की उम्र के ही थे, बातें करने लगे थे। उदय सिंह को मुग़लों से चिढ़ थी, क्योंकि उनकी दादी मुग़लों की वजह से विधवा हुई थी। उनकी दादी ने हुमायूं को मुसीबत के समय बचाया था और राखी बांधी थी। उनकी दादी ने हुमायूं को राखी के महत्त्व के बारे में बताया भी था। राखी का महत्त्व केवल हम हिन्दुस्तानी ही जानते हैं। उस वक्त हुमायूं ने कहा था कि वो उन्हें बहन मानता है और उनकी रक्षा का वचन भी दिया था। लेकिन जब गुजरात के बहादुर शाह ने हमला बोला तो राणा उदय सिंह की दादी ने हुमायूं को राखी भेज कर मदद मांगी, परन्तु हुमायूं ने राखी का उत्तर नहीं दिया। उल्टा वो बहादुर शाह के साथ मिल गया और युद्ध में दादी विधवा हो गई। तब से मेवाड़ के लिए मुग़ल उनके दुश्मन बन गए। यही कारण था कि प्रताप ने मुग़लों के साथ कभी हाथ नहीं मिलाया और उनके खिलाफ बहुत से युद्ध लड़े।

नरभक्षी बाघ का अंत

कुंवर प्रताप के विचार एक महान विचारक की तरह थे। वे अपनी उम्र से बढ़कर साहस रखते थे। ऐसा कहा जाता है कि वह श्री राम के वंशज थे। महल में एक कक्ष था जिसमें अनेक पूर्वजों की बड़ी-बड़ी तस्वीरें लगी हुई थीं। किसी भी युद्ध में जाने से पहले राणा उदय सिंह अपने पूर्वजों का आशीर्वाद लेने के लिए वहां जाया करते थे। रानी जयवंता बाई जी भी उन वीर पूर्वजों की गाथाएं प्रताप को वहां सुनाती थीं। उस कक्ष में एक भारी-भरकम तलवार रखी हुई थी जिसे उठाना तो दूर, हिलाना भी मुश्किल था और ऐसा माना जाता था कि उस तलवार को केवल श्री राम भगवान की तरह कोई शूरवीर ही उठा सकता था। उस तलवार को उठा कर प्रताप ने यह सिद्ध कर दिया था कि वह किसी भगवान के अवतार थे। मेवाड़ की प्रजा उन्हें भगवान एकलिंग जी का अवतार मानती थी।

रानी जयवंता बाई जी को यह अच्छी तरह से पता चल चुका था कि प्रताप की छोटी माँ, रानी धीरबाई जी प्रताप को मरवाने के लिए नित नए षड्यंत्र रचती हैं। फिर भी उन्होंने अपने बेटे प्रताप को कभी इन षड्यंत्रों के बारे में नहीं बताया। वह नहीं चाहती थीं कि प्रताप के मन में अपनी माँ के लिए कोई बुरा विचार आए या अपनी छोटी माँ को लेकर उनका मन मैला हो। वे केवल अपने बेटे प्रताप की रक्षा के लिए कदम उठाती रहीं। इस षड्यंत्र की बात को छुपाने का एक कारण यह भी था कि प्रताप की छोटी माँ रानी धीरबाई जी प्रताप को दिखावटी प्रेम करती थीं। उसके इस दिखावटी प्रेम को देखकर कोई यह नहीं कह सकता था कि वह प्रताप को मरवाने के षड्यंत्र रचती होगी। तीसरा, प्रताप के पिता राणा उदय सिंह जी, अपनी छोटी रानी धीरबाई जी को अंधा प्रेम करते थे और उसके खिलाफ

एक शब्द भी नहीं सुनते थे। यही कारण था कि रानी जयवंता बाई जी चाह कर भी रानी धीरबाई जी के षड्यंत्रों के बारे में खुलकर किसी को कुछ भी कह नहीं पाती थीं। एक बार रानी जयवंता बाई जी ने महाराज को रानी धीरबाई जी के षड्यंत्र के बारे में बताया भी परन्तु वे तो इस कदर अपनी छोटी रानी के प्रेम में पागल थे कि उन्होंने न तो रानी जयवंता बाई जी बात का विश्वास किया, न ही कोई तहकीकात की। उल्टा रानी जयवंता बाई जी से सख्त नाराज हो गए और उनका मुंह न देखने की कसम खा ली। इससे रानी धीरबाई जी का हौंसला और बढ़ गया और उन्होंने प्रताप के खिलाफ कई षड्यंत्र रचे। हर षड्यंत्र के पीछे एक ही मकसद होता था प्रताप की मौत और उसके बाद अपने पुत्र कुंवर जगमाल को राजगद्दी दिलवाना।

जब प्रताप की रानी माँ ने देखा कि प्रताप की छोटी माँ षड्यंत्र रच कर उनको मरवाना चाहती है और प्रताप को महल में जान का खतरा है तो उन्होंने अपने बेटे प्रताप को राणा उदय सिंह (प्रताप के पिता) द्वारा महल से निष्कासित करवा दिया।

राणा उदय सिंह ने कुंवर प्रताप को उनकी माँ के कहने पर महल से निकाल तो दिया पर वे बहुत दुःखी हुए। उन्होंने कुंवर प्रताप को कहा कि देश पिता से बड़ा होता है। और कहा कि मैंने तुम्हें आज्ञा दी है, पर तुम मेरी इस आज्ञा को मत मानो। तुम महल में ही रहो। तुम मेरे खिलाफ विद्रोह करो! सामंतों को बुलाओ! वो तुम्हें जाने नहीं देंगे। इस पर कुंवर प्रताप ने कहा कि मुझे आपका हर फैसला मंजूर है। अगर आप मुझे महल छोड़ कर जाने को कह रहे हैं तो मैं जरूर जाऊंगा।

महल के बाहर प्रजा को इस बात का पता चल चुका था कि कुंवर प्रताप को महल से निकाला जा रहा है। प्रजा बहुत गुस्से में थी। राजा उदय सिंह ने कहा कि तुम प्रजा को कहो। प्रजा मुझे जेल में डाल देगी। तुम्हें जाना नहीं पड़ेगा। कुंवर प्रताप बाहर गए। प्रजा को शांत किया। और चुपचाप महल छोड़ कर चले गए। राणा उदय सिंह अपने पुत्र की इस ताकत को देखकर हैरान हो गए। अब कुंवर प्रताप घाटी में साधारण जीवन जीने लगे। उनकी माँ रानी जयवंता बाई जी ने भी महल छोड़ दिया और वे भी कुंवर प्रताप के साथ घाटी में रहने लगीं।

वहां पर हमेशा एक नरभक्षी बाघ आता था और किसी एक घर के एक सदस्य को उठा कर ले जाता था। गांव वाले सदा डरे रहते थे। न जाने

किस दिन उनके घर का कोई सदस्य बाघ की बलि चढ़ जाए। एक-एक कर गांव के लोगों के परिवार के सदस्यों को बाघ मारता जा रहा था। गांव वाले इससे बहुत चिंतित रहने लगे। उनके पास इस समस्या का कोई हल भी नहीं था। जब उन्हें पता चला कि कुंवर प्रताप उन दिनों उनके गांव के पास जंगल में आए हुए हैं तो वे अपनी दु:ख भरी कथा सुनाने कुंवर प्रताप के पास गए। कुंवर प्रताप से उन्होंने विनती की कि इस समस्या का समाधान निकालें। कुंवर प्रताप उन सबकी दुखभरी गाथा सुनकर दु:खी हो गए। उन्होंने गांव वालों को आश्वासन दिया कि वे इसका कुछ हल जरूर निकाल लेंगे। गांव वाले इस उम्मीद में चैन से सो गए कि उनके कुंवर प्रताप जरूर उस बाघ को मार देंगे। लेकिन उसी शाम एक घटना फिर घटी। एक प्यारा-सा बच्चा गांव में खेल रहा था। कुछ देर तो कुंवर प्रताप भी उसके साथ खेलते रहे। फिर जब शाम हो गई तो बच्चे को उसके घर रवाना कर वो अपने स्थान पर आ गए। थोड़ी देर में बाघ गांव में आया और उस बच्चे को अपने जबड़े में दबा कर चला गया। कोई कुछ न कर सका। उसकी माँ रोती-रोती कुंवर प्रताप के पास गई और प्रताप को उसने खूब खरी-खोटी सुनाई। पूरा गांव डरा हुआ था। सब रो रहे थे। रानी जयवंता बाई जी ने उन लोगों को दिलासा देकर उनके घर भेज दिया। फिर दरवाजा बंद करके कुंवर प्रताप को कहा कि खबरदार अगर तुमने वीरता दिखाने की कोशिश की तो। हम लोग कुछ नहीं कर सकते। तुम नरभक्षी बाघ से कैसे लड़ोगे? इस पर प्रताप ने कहा कि हाथ-पर-हाथ धर कर भी तो नहीं बैठ सकते। इस पर रानी माँ बौखला गई, जोर-जोर से क्रोध करने लगीं। और कुंवर प्रताप को वचन से बांध दिया। प्रताप को उन्होंने अपनी कसम दी कि वो शस्त्रों को हाथ नहीं लगाएंगे। प्रताप ने वचन तो ले लिया पर इससे वे बहुत दु:खी हुए। उन्होंने अपनी माँ से पूछा कि माँ क्या मैं राजपूत नहीं हूं? क्या ऐसा हो सकता है कि राजपूत शस्त्र न उठाए? तुम ही तो कहती थीं माँ कि मुझे अपनी प्रजा के लिए काम करना चाहिए। देखो माँ। हमारी प्रजा कितनी दु:खी है। वो बच्चा बार-बार मेरी आंखों के सामने आ रहा है। मैं सो नहीं पा रहा। मेरी भूख खत्म हो गई है। मुझे तब तक चैन नहीं पड़ेगा जब तक मैं उस बाघ को मार नहीं दूंगा। इस पर रानी माँ ने उन्हें कक्ष में बंद कर दिया।

जब रात हुई तो प्रताप सो नहीं पा रहे थे। तभी उनके दोस्त पीछे के रास्ते उनसे बातें करने आए और उन्हें उनकी और उनकी माता की सुरक्षा के

लिए एक हथियार भी दिया। प्रताप ने अपने दोस्त को अपने मन की बात बताई। मगर उनका दोस्त उनकी क्या सहायता कर सकता था? तभी प्रताप ने सोचा कि क्यों न खिड़की को हथियार से काट कर वहां से निकला जाए और नरभक्षी बाघ का शिकार किया जाए। खिड़की काट कर निकलने में वे सफल हो गए। रात-भर वो नरभक्षी बाघ को ढूंढते रहे। जब बाघ दिखाई नहीं दिया तो उन्होंने यह निर्णय कर लिया कि वो बाघ के सामने आएंगे। क्योंकि जब नरभक्षी बाघ को इंसान के खून की गंध आती है तो वो तुरंत आ जाता है। प्रताप के बाहर निकलते ही बाघ सामने आ गया। अब बाघ और प्रताप आमने-सामने थे। प्रताप ने बाघ का निशाना साधा और कुछ कदम पीछे की ओर चले। पीछे भीलों ने गड्ढा खोद रखा था। प्रताप उसमें गिर गए। दरअसल उस जंगल पर भीलों का कब्जा था। भील अपने जंगल में किसी को भी आने नहीं देना चाहते थे। यदि कोई उनके जंगल में आ जाता था तो वे उसे बंदी बना लेते थे। ये गड्ढा भी उन्होंने ही खोदा था। बाघ को पकड़ने के लिए नहीं, बल्कि प्रताप को पकड़ने के लिए। गड्ढे में गिर जाने के बाद बाघ तो चला गया पर भीलों की फौज वहां आ गई। और प्रताप को निकाल कर उन्होंने बंदी बना लिया। प्रताप ने उन्हें बहुत समझाया कि उनका इरादा सिर्फ बाघ को मारने का है। फिर वो वहां से चले जाएंगे। परन्तु भील नहीं माने। उनकी मेवाड़ के राजाओं से पुरानी दुश्मनी थी। दो दिन तक लगे रहे प्रताप उन्हें मनाने में कि गांव वालों की सुरक्षा के लिए उन्हें भील सहयोग दें, परन्तु भील नहीं माने। कुंवर प्रताप ने उन्हें कहा कि यदि वे उनकी सहायता नहीं भी करेंगे तो भी उन्हें तो बाघ को मारना ही है। अगली रात, प्रताप ने अपना ही खून निकाला खंजर से और अपने मुंह और गले पर खून मल लिया। प्रताप के खून की गंध को सूंघ कर बाघ फिर भागा चला आया। प्रताप ने बाघ को मारने के लिए एक खास शस्त्र बनाया था। जैसे ही बाघ उनके सामने आया प्रताप ने निशाना साधा। परन्तु फिर उनका पांव फिसल गया वे संभलते उससे पहले ही बाघ ने अपनी गति बढ़ा कर प्रताप की और दौड़ना शुरू किया। अब तो कुंवर प्रताप अपनी जान बचाने के लिए सिर पर पांव रखकर भागे। दौड़ कर वे एक ऊँचे पेड़ पर चढ़ गए। परन्तु बाघ के लिए उस पेड़ पर चढ़ना कोई बड़ी बात नहीं थी। तभी उनकी नजर जमीन पर पड़े भाले की तरफ पड़ी। वे तुरंत पेड़ से नीचे कूद गए जहां भाला पड़ा था और बाघ के हमले का इंतजार करने लगे। जैसे ही

बाघ उन पर कूदा, कुंवर प्रताप ने वो भाला बाघ के आर-पार निकाल दिया। बाघ वहीं पर मर गया। इतने में प्रताप को भील नजर आए। वो भीलों की तरफ मुड़े ही थे की भीलों के सरदार ने तीर चला दिया। जितने में प्रताप कुछ समझ पाते उस से पहले ही तीर प्रताप के पास से होते हुए एक और बाघ को निशाना बना चुका था। असल में नरभक्षी बाघ के बारे में कहा जाता है कि वे जोड़े में चलते हैं जिसका प्रताप को बिल्कुल भी अंदाजा नहीं था। परन्तु भीलों को इस बात का पता था और वे प्रताप पर निगरानी बनाए हुए थे। अब दोनों बाघ मर चुके थे। प्रताप ने अपने दिए वचन का पालन किया और गांव की तरफ लौट आए।

जब उनके दोस्त को यह पता चला तो वे बहुत खुश हुए। साथ ही उन्हें यह डर भी लगा कि कहीं रानी माँ को पता चल गया तो वे क्रोधित होंगी। प्रताप को इस बात का जरा भी डर नहीं लगा। क्योंकि उनकी माँ ने ही उन्हें यह सीख दी थी कि यदि कर्तव्य को पूरा करना पड़े तो चाहे सभी नियम तोड़ने पड़ें, हमें अपना कर्तव्य पूरा करना चाहिए। फिर रानी माँ तो उनकी प्यारी माँ थीं। उन्हें पूरा यकीन था कि वो उन्हें इस काम के लिए माफ कर देंगी।

कीका

लेकिन प्रताप को यह बिलकुल नहीं पता था कि सदा कर्तव्य सिखाने वाली उनकी माँ ने उन्हें उस बार कर्तव्य पालन करने से क्यों रोका था? उन्हें यह भी नहीं पता था कि उन्हें महल से निष्कासित किसने करवाया और क्यों? उनकी इतनी छोटी उम्र में बहादुरी के किस्सों से उनकी छोटी माँ उनके खिलाफ षड्यंत्र करवा कर उन्हें मरवाना चाहती थी जिसका पता रानी माँ को लग चुका था। इसलिए पहले तो उन्होंने कुंवर प्रताप को निष्कासित करवा के तलहटी में भेजा ताकि रानी धीरबाई की बुरी नजर प्रताप पर न पड़े। दूसरा उन्हें लगा कि यदि प्रताप तलहटी में रहेंगे तो एक आम आदमी का जीवन बिताएंगे जिसका उनकी वीरता से कोई लेना-देना नहीं होगा न ही उनकी वीरता के किस्से दूर-दूर तक फैलेंगे।

अब नरभक्षी बाघ को मारना कोई छोटी बात तो नहीं थी। उनकी इस वीरता का किस्सा भी राणा उदय सिंह के पास पहुंच गया। वे अत्यंत प्रसन्न हुए और सम्मान सहित प्रताप को महल वापस ले आए।

माता-पिता का पुनः मिलन

प्रताप संसार का ऐसा इकलौता बच्चा होगा जिसने अपने माता-पिता की दोबारा शादी करवाई। सच में! हुआ यूं कि रानी भटियानी को राणा उदय सिंह सबसे अधिक चाहते थे। रानी भटियानी देखने में बहुत सुन्दर थी। राणा उदय सिंह उनको बहुत मानते थे और रानी भटियानी के खिलाफ किसी को भी बोलने नहीं देते थे। एक बार जब रानी जयवंता बाई जी ने रानी भटियानी की गलती राणा उदय सिंह को बताने की कोशिश की तो राणा उदय सिंह को उन पर बहुत गुस्सा आ गया। विश्वास तो उन्होंने किया ही नहीं। उल्टा उन्होंने रानी जयवंता बाई को कहा कि मुझे अपना मुंह कभी मत दिखाना। ऐसी सजा सुनकर रानी जयवंता बाई बड़ी दुःखी हुईं। पर क्या करतीं! उनके पति राजा थे और सबको राजा की बात माननी होती थी। इस सजा से रानी भटियानी बड़ी खुश हुईं। अब राजा को एक तकलीफ होने लगी। रानी जयवंता बाई से जो वे राजनैतिक सलाह लेते थे अब वो उनको मिलनी बंद हो गई। रानी भटियानी को तो इनकी समझ नहीं थी। इस समस्या को भी कुंवर प्रताप ने ही सुलझाया। प्रताप ने दोनों को मिलवाया और शादी के वचन याद दिलवाए। उनकी आपस की लड़ाई खत्म करवाई और उन दोनों की दोबारा शादी करवाई। इससे राज्य को भी अच्छी सलाहें मिलने लगीं।

बूंदी का सखावीर प्रताप

राजस्थान में मेवाड़ के पास एक जगह है बूंदी। वहां का राजा था राव सुरतन। उसका मन स्वच्छ नहीं था। वह अपनी प्रजा को बहुत तंग करता था और उन सब पर अन्याय करता था। ढेर सारा 'कर' भी लगाता था। राणा उदय सिंह की धाय माँ भी बूंदी में रहती थी। वह और वहां के लोग बूंदी के राजा के अत्याचारों से बहुत परेशान थे। इसका पता प्रताप की माँ महारानी जयवंता बाई जी को चला। यह उसी वक्त की बात है जब महारानी जयवंता बाई जी प्रताप के साथ महल छोड़ कर तलहटी में रहती थी तथा उनकी राणा उदय सिंह जी से बोल-चाल बंद थी। अतः उन्होंने सोचा कि बूंदी जा कर बात का पता लगाया जाए और उन लोगों की मदद की जाए। कुंवर प्रताप भी उनके साथ चल पड़े। राव सुरतन को खूबसूरत औरते बेहद पसंद थी। बल्कि यूं कहो कि उसे सभी औरतें पसंद थी। कभी वह औरतों को परेशान करता था तो कभी उन्हें छेड़ता था। जो औरते उसकी बात नहीं मानती थी या जो लोग उसे 'कर' नहीं देते थे वो उनको तरह-तरह से परेशान करता था। वह उन्हें भयंकर सजा सुनाता था। कई बार तो उन्हें मौत के घाट भी उतार देता था। मौत के डर से लोग उसकी नाजायज बातों और मांगों को पूरा करते रहते थे। जो उसकी मांगों को पूरा नहीं कर पाते थे उनको मार दिया जाता था। जब यह बात कुंवर प्रताप को पता चली तो उसने अपनी माँ से इनका हल पूछा। उनकी माँ ने कहा कि तुम इनके राज्य में सीधा दखल नहीं दे सकते वर्ना मेवाड़ और बूंदी में युद्ध छिड़ जाएगा। प्रताप ने एक तरकीब सोची। उसने सोचा कि क्यूं न मैं वेश बदल कर यहां के लोगों की सहायता करूं? वह वेश बदलकर वहां के लोगों की सहायता करने लगे। और सहायता करने के बाद वो वहां से गायब हो जाते थे लोगों को मालूम हीं नहीं चल पा रहा था कि उनकी सहायता करने वाला ये लड़का कौन है? लोग उसे सखावीर कह कर बुलाने लगे। यहां तक कि सखावीर के रूप में ही उन्होंने बूंदी नरेश को परास्त भी किया।

बैरम खान से टक्कर

ऐसी ही बहादुरी का एक और किस्सा बताता हूं। कुंवर प्रताप ने अकबर के गुरु एवं संरक्षक बैरम खान को भी परास्त किया था। बैरम खान बहुत ताकतवर और शातिर योद्धा था। उसे हराना लगभग नामुमकिन सा था। परन्तु कुंवर प्रताप ने बचपन में ही इस नामुमकिन काम को मुमकिन कर दिखाया। अकबर चाहता था कि वो पूरे हिंदुस्तान पर राज करे। इसमें बैरम खान उसकी मदद कर रहा था। लेकिन कुंवर प्रताप उसकी जीत में रूकावट बन कर खड़े हो गए। हालांकि बैरम खान ने प्रताप के खिलाफ बहुत चालें चली लेकिन प्रताप की वीरता और साहस के कारण वो उसका कुछ भी बिगड़ नहीं पाया।

अकबर के पास विशाल सेना थी जो बहुत ताकतवर भी थी। एक दिन बैरम खान अपनी सेना के साथ मेवाड़ आया। अकबर का सन्देश और उपहार ले कर। बैरम खान ने सोचा कि अन्य राजाओं की तरह राणा उदय सिंह भी उसका स्वागत करने द्वार पर आएंगे। उसे सम्मान के साथ दरबार में ले जाएंगे और फिर वो अकबर द्वारा दिए गए महंगे तोहफे और अकबर के प्रस्ताव को उनके सामने रखेगा। मगर ऐसा कुछ नहीं हुआ। राणा उदय सिंह ने अपने सामंत को उसे लिवाने द्वार पर भेजा। इससे बैरम खान क्रोधित हो गया। महल पहुंच कर उसने राणा उदय सिंह को अपनी नाराजगी जताई। इस पर राणा उदय सिंह ने कहा कि तुम अकबर के मंत्री हो इसलिए तुम्हें लिवाने मैंने अपना मंत्री भेजा था। बैरम खान को यह सुनकर और भी क्रोध आ गया। वो जो सन्धि प्रस्ताव लाया था उसे भी राणा उदय सिंह ने ठुकरा दिया क्योंकि वो सन्धि प्रस्ताव न होकर अकबर की गुलामी करने के प्रस्ताव जैसा था। बैरम खान को बड़ी बेइज्जती महसूस हुई। चलते वक्त उसने पूछा कि आप शेहनशाह-ए-हिन्द जलालुद्दीन मोहम्मद के लिए क्या तोहफा देना चाहते हैं? इस पर राणा उदय सिंह ने उसे टॉफी गोलियों और मिठाइयों

का थाल भेंट कर दिया। बैरम खान को ये सब बहुत बुरा लग रहा था। वो दिल्ली की तरफ रवाना हुआ ही था कि कुंवर प्रताप ने उसका गुस्सा और बढ़ा दिया। हुआ यूं कि जब बैरम खान अपनी सेना के साथ मुग़लों का ध्वज ले कर जा रहा था तो कुंवर प्रताप ने देख लिया। उन्हें मुगलिया ध्वज देख कर बहुत गुस्सा आया।

अपना गुस्सा दिखाने के लिए उन्होंने बैरम खान को बहुत जोर से एक पत्थर दे मारा। पत्थर बहुत जोर से बैरम खान को जा कर लगा। बैरम खान को बहुत गुस्सा आया और उसने ललकार कर कहा कि जिसने भी उसको पत्थर मारा है वो सामने आये। कुंवर प्रताप किसी से डरते थोड़ा ही थे जो बैरम खान से डरते। उनके लिए तो मुग़लों का एक ही नाम था, और वो नाम था 'दुश्मन'। बैरम खान को बड़ी हैरानी हुई। इतने छोटे बच्चे ने उसे पत्थर क्यूं मारा? उसने उसका क्या बिगाड़ा? क्या वो गुस्ताखी कर रहा है या उसने जानबूझ कर मारा। ये सब बातें तो बैरम खान सोच ही रहा था लेकिन साथ में ये भी सोच रहा था कि इसे क्या दंड दूं। पर उससे पहले कुंवर प्रताप ने उसे मुग़ल कह कर बुलाया और कहा कि तुमने अपने गंदे पैर हमारी इस पवित्र भूमि पर क्यूं रखें? इसलिए मैंने तुम्हें ये पत्थर मारा है। जल्दी से यहां से अपनी सेना ले कर चले जाओ वर्ना अच्छा नहीं होगा। अब तो बैरम खान का गुस्सा और भी बढ़ गया। लेकिन साथ-ही-साथ वह मन-ही-मन हंस भी रहा था। उसे लगा प्रताप ने ये बचकाना हरकत की है परन्तु जल्द ही उसे पता चल गया कि ये बचकाना हरकत नहीं एक राजपूत बालक का विद्रोह है। वैसे भी मुग़लों के कोई नियम कानून तो होते नहीं थे राजपूतों की तरह। न उन्हें बुजुर्गों पर, न ही असहायों पर, न महिलाओं पर और न ही बच्चों पर तरस आता था। फिर प्रताप के बच्चे होने पर वो कैसे तरस करता? उसने झट अपनी तलवार खींच ली, मगर कुंवर प्रताप भी कहां डरने वाले थे? उन्होंने भी अपनी तलवार निकाल ली। यह देख कर बैरम खान के सिपाहियों ने भी अपनी तलवारें निकाल ली। बैरम खान को लगा कि इस बच्चे से तो वो खुद ही निपट लेंगे, इसलिए उन्होंने अपने सिपाहियों को रोक दिया। फिर वह वीर बालक प्रताप से लड़ने लगा। बहुत देर तक प्रताप उसका सामना करते रहे। वो प्रताप के हर वार पर हैरान हो रहा था।

इतने में राणा उदय सिंह के खबरियों ने इस बात की महल में खबर कर दी। राणा उदय सिंह अपने कुछ सिपाहियों और सामंतों को लेकर जल्दी से वहां आ गए। दोनों को वहीं युद्ध समाप्त करना पड़ा। बैरम खान खून का घूंट पीकर रह गया। उसे वहां से जाना पड़ा। परन्तु वो बहुत क्रोधित था। उसे बहुत शर्म भी आ रही थी कि वो एक राजपूत बालक को नहीं मार सका। सारे रास्ते वो इसी घटना के बारे में सोचता रहा, महल पहुंच कर उसने अकबर को ये किस्सा सुनाया ताकि अकबर को भी गुस्सा आए और अकबर मेवाड के खिलाफ युद्ध करने को कहे।

कीका

अकबर के दिखावटी सन्धि प्रस्ताव

महाराणा प्रताप पूरा जीवन राष्ट्र के प्रति समर्पित रहे। लेकिन मुझे लगता है कि देशप्रेम और मातृभूमि की रक्षा की उनकी शिक्षा बचपन में ही पूरी हो गई थी। प्रताप में कूट-कूट कर देश-प्रेम भरा था। उनके लिए देश सबसे पहले था। अनुशासन और जनता दूसरे नंबर पर। यही वह कारण था जिसने उन्हें समझौता करना और सिर झुकाना नहीं सिखाया। चाहे जैसा भी समय हो या कठिन से कठिन चुनौती हो, प्रताप ने अपने देश को झुकने नहीं दिया। बड़े लोग शायद व्यवहार के लिए जाने जाते हैं। बड़े मतलब, उम्र में बड़े। व्यवहार बेशक प्रताप ने भले ही बड़े होकर सीखा हो लेकिन बड़ों की आज्ञा मानना और अपने देश और अपने लोगों पर अपनी जान न्यौछावर करना वे बचपन में ही सीख गए थे। यही तो वह बात है जो प्रताप को देश के अनेक राजाओं से अलग बनाती और दिखाती है। प्रताप के साहस, देशप्रेम और बहादुरी के बारे में सबको पता था और इसीलिए प्रताप को राणा न कह कर सभी महाराणा कहते थे।

महाराणा प्रताप के समय का सबसे शक्तिशाली राजा था मुग़ल राजा अकबर। वो बेहद चतुर और चालाक था। पूरे भारत में केवल महाराणा प्रताप ही ऐसे राजा थे जिन्हें न तो अकबर कभी हरा पाया और न ही अपनी शर्तें मनवा पाया। 1572 में थक कर अकबर ने निश्चय किया कि महाराणा प्रताप से सन्धि कर लें। उसने अपने विश्वासपात्र जलाल खान कोरिची को सन्धि प्रस्ताव देकर भेजा। राजपूतों की रियासत अतिथियों के स्वागत के लिए दूर-दूर तक मशहूर थी। महाराणा ने जलाल खान की अगुवाई भी बड़े मन से की। अपनी खातिरदारी से खुश जलालखान मन-ही-मन बहुत खुश था। उसे लग रहा था कि उसका मिशन कामयाब हो गया है। लेकिन भोजन के

बाद जैसे ही उसने सन्धि का प्रस्ताव रखा, उसे महाराणा ने भरे दरबार में अस्वीकार कर दिया और कहा कि हम और हमारी रियासत किसी भी तरह से और कभी भी इस तरह की सन्धि में विश्वास नहीं करती। आप अतिथि हैं भोजन और विश्राम कीजिए। यह सब सुनकर वह लौट आया। लेकिन अकबर नहीं माना। 1573 में उसने महाराणा प्रताप के पास उनके रिश्तेदार मानसिंह को सन्धि प्रस्ताव लेकर भेजा। मानसिंह एक राजपूत था इसलिए अकबर ने सोचा कि एक राजपूत दूसरे राजपूत की बात जरूर मानेगा। दूसरा, अकबर की पत्नी जोधाबाई, मानसिंह की बहन थी। इसलिए यह सब सोचकर अकबर ने महाराणा प्रताप के पास मानसिंह को भेजा। फिर से राजपूत परम्परा के अनुसार मानसिंह की खूब आवभगत हुई। मानसिंह ने महाराणा प्रताप से बातचीत के दौरान अकबर और उसके शासन की खूब प्रशंसा की। उसने कहा कि अकबर सभी धर्मों का आदर करने वाला सम्राट है। इसके बाद मानसिंह ने अकबर द्वारा दिया गया सन्धि प्रस्ताव महाराणा के आगे रख दिया जिसके लिए वो आया था। महाराणा प्रताप ने बड़ी सख्ती परन्तु पूरी तहजीब से सन्धि प्रस्ताव को ठुकरा दिया। दरअसल वह सन्धि प्रस्ताव न होकर अकबर की गुलामी जैसा था। इसलिए महाराणा प्रताप ने कहा कि मैं स्वाधीनता के लिए अपनी मृत्यु तक युद्ध लड़ता रहूँगा। इसलिए मैं तुम्हारा यह सन्धि प्रस्ताव नहीं मान सकता। लेकिन इसके बाबजूद उन्होंने मानसिंह के सम्मान में उदयपुर झील पर एक भव्य भोज का आयोजन किया। परन्तु वे खुद इस भोज में नहीं गए। उन्होंने अपनी जगह अपने बेटे अमरसिंह को भेज दिया। इस बात से मानसिंह बहुत नाराज हो गया। वह इतना उत्तेजित हो गया कि वहीं चिल्लाने लगा। उसने कहा कि मैं यहाँ शांति स्थापित करने आया था मगर तुम लोग युद्ध चाहते हो तो कोई बात नहीं, याद रखो, अब हमारी मुलाकात युद्ध के मैदान पर होगी। उसकी इन बातों पर महाराणा प्रताप के एक देशभक्त सैनिक ने मानसिंह को बहुत बढ़िया जवाब दिया। उसने कहा- जाओ-जाओ, तुम अपने साले अकबर को भी युद्ध के मैदान में ले आना। तुम और तुम्हारे सम्राट अकबर की सेना युद्ध में हमारे बहादुर महाराणा प्रताप का मुकाबला नहीं कर पाएगी।

मानसिंह क्या करता! लौट के बुद्धु घर को आए। उसने अकबर को

कीका

पूरा किस्सा सुनाया। अकबर को विश्वास ही नहीं हुआ कि महाराणा प्रताप मानसिंह से इस तरह बात कर सकते हैं। वो तो ये सोचता था कि अगर अकबर का संदेशवाहक भी यदि किसी राजा के पास कोई प्रस्ताव लेकर जाता है तो वह राजा बड़ी खुशी से उसे स्वीकार कर लेता है। फिर मानसिंह तो उसका रिश्तेदार था। उसने कैसे यह प्रस्ताव ठुकरा दिया? अकबर हैरान भी था और दुःखी भी। उसे गुस्सा भी बहुत आया। लेकिन उसने अपने गुस्से को काबू में किया। उसने अपनी कोशिशें जारी रखी। अनेक दूत भेजे। तरह-तरह के प्रस्ताव भेजे, लेकिन महाराणा टस-से-मस नहीं हुए। उन्होंने मुग़लों के हर प्रस्ताव को ठुकरा दिया। महाराणा प्रताप की इस हिम्मत, जोश और देशप्रेम की भावना उन्हें राणा उदय सिंह और उनके पूर्वजों से मिली थी।

महाराणा प्रताप का राज्याभिषेक

चित्तौड़ का किला मुग़लों के पास चला गया था। वे मेवाड़ की नई राजधानी 'उदयपुर' से मुग़लों से लड़ते रहे। करीब दस बरस उन्होंने युद्ध किया। 1572 में बीमारी के कारण राणा उदय सिंह चल बसे। वे अपना वारिस कुंवर जगमाल को बना गए थे। लेकिन मेवाड़ की जनता और दरबारियों ने जगमाल को उनका सच्चा वारिस मानने से इंकार कर दिया। वे प्रताप में ही राणा उदय सिंह के गुण देखते थे। परन्तु प्रताप को राजगद्दी का कोई लालच नहीं था। साथ ही वे अपने पिता की अंतिम इच्छा का सम्मान भी करना चाहते थे। परन्तु जगमाल के हाथों में मेवाड़ का भविष्य सुरक्षित नहीं था, न ही उसे शासन करने की समझ थी, न ही उसमें राजा के अन्य गुण थे। वीर तो वो था ही नहीं, बल्कि दब्बू और डरपोक था। यदि वो राजा बन जाता तो वह अकबर से सन्धि कर के उसकी गुलामी स्वीकार कर लेता क्योंकि उसके पास आत्मसम्मान जैसी कोई चीज़ ही नहीं थी। वह तो दिन-भर शराब के नशे में चूर रहता था तथा नृत्य देखता रहता था। वह राजा इसलिए बनना चाहता था ताकि ऐश कर सके। उसे प्रजा और उसकी भलाई से कोई लेना देना नहीं था। साथ ही देशभक्ति जैसी कोई चीज़ उसमें थी ही नहीं इसलिए अकबर के प्रस्ताव को वो खुशी से स्वीकार करने वाला था। जब यह बात दरबारियों ने प्रताप को बताई और उनसे बहुत मिन्नत की तब प्रताप ने राजा बनने की बात को स्वीकार किया। इस तरह प्रताप मेवाड़ के 54वें राजा बने। बचपन से जो उन्होंने संघर्ष किया और देश की जनता के लिए जो काम उन्होंने किए उससे वे लोकप्रिय हो गए थे और प्रजा और सबकी सहमति से उन्हें राजा बनाया गया। इस तरह जो अन्याय उनके साथ ग़लत वसीहत के कारण हुआ था उसे प्रजा ने न मान कर उन्हें इन्साफ

KAPISH

दिया। उनके राजा बनते ही जगमाल वहां से भाग गया। उसने कसम ली कि वो कभी मेवाड़ वापस नहीं आएगा और अकबर के लिए काम करेगा।

यहाँ अकबर की भी हर एक कोशिश नाकामयाब रही तो उसने हिंसा का रास्ता अपनाया। उसने युद्ध का निर्णय किया और मानसिंह को सेनापति घोषित किया। महाराणा प्रताप को इस बात का पता चल गया था और उन्होंने यह महसूस कर लिया था कि इस बार युद्ध आसान नहीं होगा। वैसे महाराणा प्रताप के पास केवल 22 हजार रणबांकुरे थे और अकबर के पास 2 लाख सैनिक। कम सेना होने के बावजूद प्रताप ने हिम्मत नहीं हारी। उन्होंने युद्ध अपनी ताकत, दिमाग, देशप्रेम और हौंसले से लड़ा। उन्होंने अपने सैनिकों से कहा कि वे अरावली की पहाड़ियों में फैल जाएँ। वे चाहते थे कि दुश्मन को उसकी समझ से दूर हटा कर समाप्त कर दिया जाए। ऐसा वो इसलिए करना चाहते थे ताकि दुश्मन की सेना को भोजन, पानी और छत की भी दिक्कत आने लगे। छोटे और तंग रास्तों पर महाराणा ने अपने सैनिक तैनात कर दिए। अकबर की सेना के लोगों को प्रताप की सेना तक पहुंचने में लम्बा रास्ता तय करना पड़ता था। हल्दी जैसे पीले रंग की मिट्टी वाली घाटी को हल्दी घाटी कहा जाता था। इतिहास के अनुसार हल्दी घाटी के युद्ध में न कोई जीता न कोई हारा, परन्तु मुग़लों की सेना ने राजपूतों की सेना की हिम्मत और वीरता का लोहा मान लिया। साथ ही उन्होंने उनकी भूरी-भूरी प्रशंसा भी की। मुग़लों के लिए महाराणा प्रताप एक शत्रु थे परन्तु अकबर के कूटनीतिज्ञ उनकी बहादुरी और युद्ध नीति से बेहद प्रभावित थे। शेख रहमूर खान जो अकबर के युद्ध की नीति तय करता था, ने अकबर के भरे दरबार में खुले रूप से कहा था कि यदि आप महाराणा प्रताप और जैमल मेडतिया को हरा दोगे तो पूरे हिन्दुस्तान पर आपकी हुकूमत होगी। अकबर अंत तक मेवाड़ को जीत नहीं पाया। आज भी महाराणा प्रताप के सम्मान में राजपूत लोग अपनी खाने-पीने की प्लेट के नीचे पत्ते और बिस्तर के नीचे घास-फूस रखते हैं क्योंकि अंतिम समय में महाराणा ने महल त्याग कर ऐसा ही जीवन व्यतीत किया था।

मानसिंह की महाराणा से टक्कर

रणभूमि में मुग़लों के हमदर्द मानसिंह की सीधी टक्कर महाराणा प्रताप से हो गई थी। महाराणा प्रताप ने एक भाला उछाल कर मानसिंह पर फेंका। मानसिंह के महावत के बीच में आ जाने से मानसिंह बच गया और महावत की मौत हो गई। जैसे-तैसे मानसिंह जान बचा कर भागा।

कहते हैं कि हल्दी घाटी के युद्ध के 300 साल बाद भी वहां की जमीन में तलवारें पाई गईं। आखिरी बार तलवारों का जखीरा 1985 में हल्दी घाटी में मिला था।

प्रताप के प्रिय घोड़े "चेतक" ने इसमें बड़ा साथ दिया था। चेतक ने मानसिंह के हाथी पर धावा कर दिया था।

चेतक और राणा प्रताप की दोस्ती और प्रेम पर आज भी राजस्थान में कई गीत गाये जाते हैं।

एक खास बात यह थी कि महाराणा ने चेतक के मुंह पर हाथी का मुखौटा लगा रखा था ताकि दुश्मन का हाथी भ्रम में आ जाए। चेतक हाथी पर चढ़ गया था। उतरते वक्त उसका एक पैर हाथी की सूंड में बंधी तलवार से कट गया था फिर भी वह राणा को लादे 5 किलोमीटर तक दौड़ा। इतना ही नहीं उसने रास्ते में पड़ने वाले 26 फीट के बरसाती नाले को एक छलांग में ही पार कर लिया था। हालांकि उसकी एक टांग टूट चुकी थी जब तक उसने अपने मालिक प्रताप को सुरक्षित जगह पर नहीं

उतारा तब तक न वह रुका और न ही उसने प्राण त्यागे। इसलिए चेतक की बहादुरी के गीत आज भी गाए और बजाए जाते हैं। चेतक की मौत ने प्रताप को तोड़ दिया। जिस स्थान पर वो घायल हुआ था वहां आज खोदी इमली नाम का पेड़ है। जहां पर चेतक ने आखिरी सांस ली, वहां पर एक चेतक समाधि बनी हुई है।

प्रताप के साथी

महाराणा प्रताप इतने साहसी और प्रबल योद्धा थे कि उन्होंने मात्र साल भर में ही मेवाड़ मे बनी ज्यादातर चौकियाँ खाली करवा ली थी। उन्होंने बांसवाड़ा और डूंगरपुर को भी अकबर से मुक्त करवा लिया था। अपनी अंतिम सांस से पहले महाराणा ने खोया हुआ 85 प्रतिशत मेवाड़ फिर से जीत लिया था। सोने-चांदी, महल के ऐशो-आराम को छोड़ कर वे 20 वर्ष तक जंगलों में ही रहे। महाराणा ने जब महलों का त्याग किया तब उनके साथ लुहार जाति के हजारों लोगों ने भी घर छोड़े और दिन रात महाराणा की फौज के लिए तलवारें बनाईं। इसी समाज को आज गुजरात, मध्य प्रदेश और राजस्थान में गड़रिया लुहार कहा जाता है।

इसी तरह मेवाड़ के आदिवासी भील समाज ने हल्दी घाटी की फौज को अपने तीरों से रौंद डाला था। वो महाराणा प्रताप को अपना बेटा मानते थे और उनके लिए अपनी जान न्यौछावार कर सकते थे और उन्होंने की भी। महाराणा प्रताप भी बिना भेद-भाव के उनके साथ रहते थे। उनके साथ खाते-पीते थे। आज भी मेवाड़ के राजचिन्ह में एक तरफ राजपूत की फोटो है तो दूसरी तरफ भीलों की।

~~ ~~ ~~ ~~ कीका

महाराणा प्रताप का हाथी

जानते हो दोस्तों! महाराणा प्रताप का एक प्यारा हाथी भी था। उसके बारे में बहुत कम सुनने को मिलता है। लेकिन उसका जिक्र अल-बदायुनी ने अपने एक ग्रन्थ में किया है। अल-बदायुनी मुग़लों की तरफ से हल्दीघाटी के युद्ध में लड़ा था। उसके अनुसार जब अकबर ने महाराणा प्रताप पर चढ़ाई की तो वो दो जनों को ही बंदी बनाना चाहता था-पहला महाराणा प्रताप और दूसरा उनका हाथी-राम प्रसाद।

अल-बदायुनी ने अपने ग्रन्थ में राम प्रसाद के बारे में लिखा है कि वो बहुत समझदार और ताकतवर था। हल्दीघाटी के युद्ध में उसने अकेले ही अकबर के 13 हाथियों को मार गिराया था। राम प्रसाद को पकड़ने के लिए 7 हाथियों का चक्रव्यूह बनाया गया था और उन पर 14 महावतों को बिठाया गया था। तब जाकर कहीं उसे बंदी बनाना संभव हो पाया था।

बंदी बनाने के बाद उसे अकबर के सामने पेश किया गया था। अकबर ने उसका नाम राम प्रसाद से बदल कर पीर प्रसाद रख दिया था। मुग़लों ने उसे खाने के लिए गन्ने और पीने के लिए पानी दिया। पर जानते हो दोस्तों, वह इतना स्वामिभक्त था कि उसने महाराणा के दुश्मन द्वारा दिए गए भोजन और पानी को ग्रहण नहीं किया और ऐसा एक दिन नहीं पूरे 18 दिन तक किया जब तक कि वो शहीद नहीं हो गया।

इस बात से अकबर को बहुत धक्का लगा और वह मायूस हो कर बोला कि जिसके हाथी को मैं अपने सामने नहीं झुका पाया, उस महाराणा प्रताप को कैसा झुका पाऊंगा?

ऐसे देशभक्त को करोड़ों प्रणाम!!!

❧❧ ❧❧ ❧❧ ❧❧ कीका

ताकतवर कौन महाराणा प्रताप या अकबर?

महाराणा प्रताप ने बचपन से ही मेवाड़ के लिए अफगान और राजपूत विद्रोहियों से अनेक युद्ध लड़े और जीते। वे केवल 12–14 साल के थे जब उन्होंने दिल्ली के सूरी राजवंश के शम्ज़ खान को नाकों चने चबवा दिए थे और अफगानों को भी शिकस्त दी थी।

उन्होंने अपने विरोधियों को भी सबक सिखाने के लिए बूंदी, डूंगरपुर, अज़मेर के खिलाफ़ भी अनेक लड़ाइयाँ लड़ीं और उनकी ताकत को सबने माना। उन्होंने हमेशा अपनी मातृभूमि का सिर गर्व से ऊँचा किया। अपने बचपन के समय से ही उन्होंने बप्पा रावल की तलवार को न केवल संभाला, बल्कि उस से विजय भी हासिल की। वे मेवाड़ के राजा उदय सिंह के इकलौते वीर राजकुमार थे।

लेकिन अकबर के बचपन के बारे में ऐसी कोई जानकारी नहीं मिलती। हाँ! वह बचपन से ही तेज-तर्रार था। मथुरा से आगरा अपने घोड़े पर कुछ ही घंटों में पहुँच जाता था। मगर युद्ध को लेकर और कोई जानकारी नहीं मिलती। जितने भी युद्धों की जानकारियां हैं, वो उसके संरक्षक बैरम खान ने लड़े थे।

शारीरिक ताकत व अन्य खूबियां

महाराणा प्रताप आकर्षक व्यक्तित्व वाले व्यक्ति थे। उनका शरीर गठीला था। महाराणा प्रताप का कद सात फुट पांच इंच था, जबकि अकबर 5 फुट 3 इंच का था। युद्ध के समय महाराणा प्रताप 208 किलो का अस्त्र-शस्त्र लेकर पूरा दिन चलते थे। आज एक सैनिक 22 किलो सामग्री लेकर चलता है। इस तरह के कई और वर्णन उदयपुर के संग्रहालय में हैं। अकबर की शारीरिक क्षमता के बारे में कोई ज्यादा जानकारी नहीं मिलती।

हल्दीघाटी का युद्ध 1576 में लड़ा गया था। पीछे से बहलोल खान ने

कीका

महाराणा पर वार करना चाहा जिसे प्रताप ने बड़ी सजगता से भांप लिया था। बिना पलटे महाराणा ने तलवार का ऐसा वार किया कि बहलोल खान का शरीर ही नहीं उसका घोड़ा तक एक ही वार में कट कर ज़मीन पर गिर गया था। ऐसे ताकतवार प्रहार की जानकारी अकबर के बारे में नहीं मिलती है। इसलिए मेरे हिसाब से हमें '**अकबर द ग्रेट**' न कह कर '**महाराणा प्रताप द ग्रेट**' कहना चाहिए।

ऐसा कहा जाता है कि अकबर के बाएं पैर में थोड़ी लंगड़ाहट थी। वह अपना सिर दाएं कंधे पर झुका कर चलता था। उसकी नाक छोटी थी और नाक की हड्डी बढ़ी हुई थी। उसके नथूने ऐसे लगते थे जैसे वो गुस्से में हो। उसका रंग सांवला था और आधी मटर के दाने के बराबर का एक मस्सा उसके होंठ से नथूने के बीच में था। जिसकी वज़ह से वह देखने में आकर्षक नहीं था।

अकबर अधिकतम समय नशे में ही रहता था। उसके बारे में उसके एक दरबारी अक्वाविवा ने लिखा है कि अकबर ने इतना पीना शुरू कर दिया था कि वो मेहमानों से बात करते-करते सो जाता था। वह ताड़ी पीता था। कभी-कभी जब वह हद से ज्यादा पी लेता था तो पागलों की तरह व्यवहार करता था।

वह खेल के लिए भी शिकार करता था। अकबर पूर्णतया मांसाहारी था। वह पढ़ा-लिखा भी नहीं था। उसे शुरू से ही राजपाट का सुख था। 13 साल की उम्र में ही वो राजा घोषित कर दिया गया था।

इसके विपरीत महाराणा प्रताप का अनेक संघर्षों के बाद 29 वर्ष की आयु में राज्याभिषेक हुआ। राजा बनना भी प्रताप के लिए कोई सुखमय घटना नहीं थी। दुश्मनों से अपना राज्य बचाना और प्रजा के लिए साधन जुटाने की चुनौतियों के साथ उनको राज्य मिला।

महाराणा प्रताप ने खेल या शौक के लिए शिकार पर रोक लगा रखी थी। उनमें किसी बुरी लत के होने का कोई ज़िक्र नहीं मिलता। वे अनुशासनप्रिय थे। पूजा-पाठ, व्यायाम आदि करना उनकी दिनचर्या में शामिल था। अपने सैनिकों आदि को वे नाम से जानते थे। अच्छी मेहमाननवाजी के लिए भी वे जाने जाते थे।

महाराणा प्रताप और शीतल भाट

एक बार की बात है महाराणा प्रताप के दरबार में शीतल भाट नाम का कवि जा पहुंचा। शायद आप जानते होंगे, भाट लोग ज्यादातर राजाओं के सम्मान में कविताएँ लिखते थे। उन्होंने प्रताप के उन्नत (ऊँचे) भाल (मस्तक), लम्बी और मजबूत भुजाओं वाली जानकारी देखी और सुनी। शीतल भाट ने महाराणा प्रताप के सम्मान में इस जानकारी को कविता के रूप में बनाया और सुनाया। प्रताप बेहद प्रसन्न हुए। उन्होंने अपने सिर की पगड़ी उतारकर उसे पहना दी। कुछ दिनों बाद वह घूमते-घूमते आगरा जा पहुंचा। अकबर के दरबार में पहुंचा। वहां उसे कहा गया कि शहंशाह के सम्मान में झुक कर हाथ सिर तक उठा कर सलाम करो। उसने ऐसा किया भी। लेकिन उसने पगड़ी उतारकर सीने से लगा ली। अकबर ने उससे पूछा कि ऐसा क्यों किया? उसने बताया यह वीरों के वीर महाराणा प्रताप की पगड़ी है। मेरा सिर तो कहीं भी झुक सकता है लेकिन महाराणा की पगड़ी नहीं। पूरा दरबार यह सुन कर सन्न रह गया।

महाराणा की नैतिकता

कहा जाता है कि एक बार मानसिंह जंगल में शिकार कर रहा था और वहां पर राजपूत सैनिक और प्रताप थे। बहुत आसान था प्रताप के लिए मानसिंह को मौत के घाट उतारना। लेकिन उन्होंने ऐसा नहीं किया। ये उनकी नीति-नैतिकता के खिलाफ था। उन्होंने उसे यह कह कर छोड़ दिया कि चले जाओ। युद्ध के मैदान में ही मिलेंगे।

महिलाओं का सम्मान

एक बार एक युद्ध जीतने के बाद महाराणा प्रताप का बेटा वीर अमरसिंह अनेक मुस्लिम युवतियों को बंदी बनाकर ले आया। प्रताप ने अमर सिंह को फटकार लगाई और कहा कि इनको सम्मान के साथ वापिस भिजवाओं। अमरसिंह शर्मिंदा हुए और उन्होंने अपने पिता की बात को माना।

देश-विदेश में चर्चे

'प्रेसिडेंट्स ऑफ यू.एस.ए.' नामक किताब में इसके बारे में लिखा है। जब प्रेसिडेंट् इब्राहिम लिंकन भारत की यात्रा के लिए आने वाले थे तब उन्होंने अपनी माताजी से पूछा कि भारत से मैं आपके लिए क्या लेकर आऊँ? जानते हो उनकी माता जी का क्या उत्तर था? उनका उत्तर था कि महान देश भारत की वीर भूमि हल्दीघाटी से एक मुट्ठी मिट्टी ले कर आना। वहां का राजा अपनी प्रजा के प्रति इतना वफादार था कि उसने अकबर द्वारा दिए गए आधे हिंदुस्तान के प्रस्ताव के बदले अपनी मातृभूमि की स्वतंत्रता को चुना।

हालांकि अब्राहम लिंकन की वह भारत की यात्रा रद्द हो गई थी।

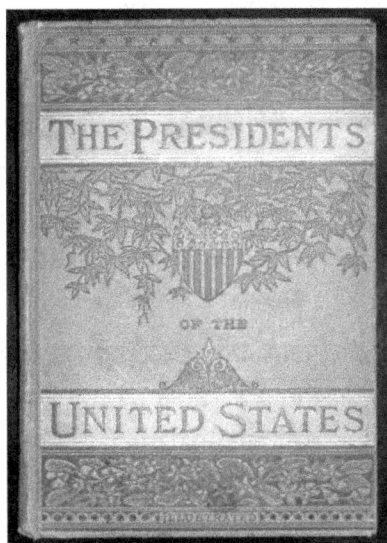

प्रताप का जीवन

9 मई	1540	जन्म
24 फरवरी	1572	राजतिलक, गोगुंदा में
सितंबर	1572	पहला संधि-प्रस्ताव-जलाल खान कोरची द्वारा
जून	1572	दूसरा संधि-प्रस्ताव-राजा टोडरमल द्वारा
अक्टूबर	1573	तीसरा संधि-प्रस्ताव-राजा भगवानदास द्वारा
दिसम्बर	1573	चोथा संधि-प्रस्ताव-राजा टोडरमल द्वारा
14 मार्च	1576	अकबर का अजमेर आगमन, प्रताप पर आक्रमण की योजना
2 अप्रैल	1576	कुंवर मानसिंह की पहल
18 जून	1576	हल्दीघाटी का युद्ध
23 जून	1576	गोगुंदा पर मानसिंह का कब्जा
सितम्बर	1576	प्रताप का गोगुंदा पर फिर से अधिकार
13 अक्टूबर	1576	गोगुंदा के लिए अकबर रवाना
नवम्बर	1576	अकबर का उदयपुर पर अधिकार गोगुंदा को प्रताप ने फिर हथियाया
जुलाई	1577	भगवानदास, मानसिंह आदि का गोगुंदा पर फिर आक्रमण
मार्च	1578	प्रताप का जवाबी हमला शहबाजखां का पहला हमला
3 अप्रैल	1578	कुभंलगढ़ पर मुग़ल विजय
नवम्बर	1578	कुभंलगढ पर प्रताप का फिर से अधिकार
दिसम्बर	1578	शाहबाजखां का दूसरा हमला

जून	1579	प्रताप का जवाबी हमला
नवम्बर	1579	शाहबाजखां का तीसरा हमला
	1580	प्रताप का मुहंतोड़ जवाब
7 दिसम्बर	1584	जगन्नाथ मछवाहा का आक्रमण
	1586	प्रताप का उत्तर
		अधिकांश मेवाड़ की पुनर्विजय
		शांति का शुभारंभ
		चावंड में नयी राजधानी का स्थापना
19 जनवरी	1597	चावंड में दुनिया के सबसे ताकतवर देशभक्त सम्राट ने अंतिम सांसें ली।

विदाई

कहा जाता है कि इस देशभक्त ने जब इस धरती से विदा ली तो उसके सबसे बड़े शत्रु 'अकबर' की आंखों में भी आंसू थे। इन आसूओं से उसकी आंखो का मेवाड़ को जतीने का सपना भी धुल गया।

~~~ ~~~ ~~~ ~~~

कीका

समापन

महाराणा प्रताप को कला, भाषा और साहित्य से भी बहुत लगाव था, इस धरती माता के इस परमवीर शूर की गाथा बहुत बड़ी है, उनके बालपन के किस्से और कहानी बता कर, मैं कपीश अपने आप को धन्य समझता हूँ।

पुस्तक में प्रयुक्त होने वाले मुहावरे

क्र.	मुहावरा	अर्थ
1	चार चाँद लगना	प्रतिष्ठा बढ़ जाना
2	दाँत खट्टे करना	पराजित करना
3	पूत के लक्षण पालने में	बचपन में ही पता चलना कि बच्चा होनहार है
4	बीड़ा उठाना	मुश्किल कार्य का भार लेना
5	आँखों का तारा	बहुत प्यारा, राज दुलारा
6	आसमान सिर पर उठाना	बहुत शरारत करना
7	कमर कसना	तैयार होना
8	सिर माथे रखना	सर्वोपरि मानना
9	फूटी आँख न सुहाना	बिलकुल अच्छा न लगना
10	एक हाथ आगे होना	एक कदम आगे
11	जान छिड़कना	बेहद प्यार करना
12	नाक पर रखना	हद से ज्यादा गुस्सा होना
13	धावा बोलना	आक्रमण करना
14	सिर पर पाँव रखकर भागना	तेज कदमों से बचकर निकलना, तेजी से भागना
15	आग बबूला होना	क्रोधित होना, गुस्सा करना
16	बाँछे खिल जाना	बहुत प्रसन्न होना
17	फूट-फूटकर रोना	बुरी तरह रोना, बेतहाशा रोना
18	मौत के घाट उतारना	जान ले लेना
19	प्राण न्यौछावर करना	शहीद होना
20	पलड़ा भारी होना	जीतना
21	आग की तरह फैलना	बहुत जल्दी बात का पहुंचना
22	मिटा देना	समाप्त करना
23	खुशी के आँसू आना	बहुत खुश होना
24	खुशी के मारे फूला न समाना	बहुत खुश होना

25	धूल चटाना	हराना
26	छक्के छुड़ाना	हराना
27	मात देना	हराना
28	लोहा मानना	शक्ति स्वीकारना
29	भूरी-भूरी प्रशंसा करना	बहुत प्रशंसा करना
30	चैन की सांस न लेने देना	दम न लेना
31	दाँतो तले उँगली दबाना	हैरान होना
32	रंग लाना	असर होना
33	होड़ करना	प्रतिस्पर्धा करना
34	उड़न छू करना	क्षण भर में उड़ जाना
35	हाथ खड़े कर देना	हार मान लेना
36	जल भुन जाना	बहुत अधिक गुस्सा होना
37	ढेर कर देना	मार देना
38	काँटों की शैय्या	दु:खों का पहाड़
30	आँखों में खटकना	बेहद चिढ़ना
40	पासा पलट जाना	उल्टा हो जाना
41	काम तमाम करना	खत्म कर देना
42	काटो तो खून नहीं	स्तब्ध हो जाना
43	चेहरा सफेद पड़ना	सन्न रह जाना
44	मौत के मुंह में जाना	मृत्यु के करीब पहुँच जाना
45	तिलमिलाना	जल-भुन जाना
46	रास्ते से हटाना	निपटा देना
47	घमासान युद्ध करना	भीषण युद्ध करना
48	प्राण गंवाना	जान दांव पर लगा देना
49	होश खो बैठना	चित्त को काबू में न रखना
50	मन मैला करना	मन में खराब विचार लाना
51	हाथ-पर-हाथ धर कर बैठना	कुछ न करना
52	खंनू का घूंट पीकर रह जाना	अपमान बदार्श्त करना
53	लौट कर बुद्धु घर को आए	अक्ल आना

BHARATIYA VIDYA BHAVAN'S MEHTA VIDYALAYA
KASTURBA GANDHI MARG, NEW DELHI - 110001

Certificate of Merit

This Certificate is awarded to

Chiranjeevi / Kumari **Kapish**

of **VII** Standard

for

Academic Excellence.

Date : 27.03.2018   PRINCIPAL

CHINMAYA VIDYALAYA
School With A Difference
VASANT VIHAR, NEW DELHI-110057

Certificate of Commendation
Inter-School Geeta Chanting Competition

Session 20 19 – 20 18

Awarded to **Kapish**

from **Bharatiya Vidya Bhavan's Mehta Vidyalaya, New Delhi - 01**

of class **VII**

for the event **Geeta Chanting Competition**

held on _____ Position **Participation**

Teacher - In-charge   Principal

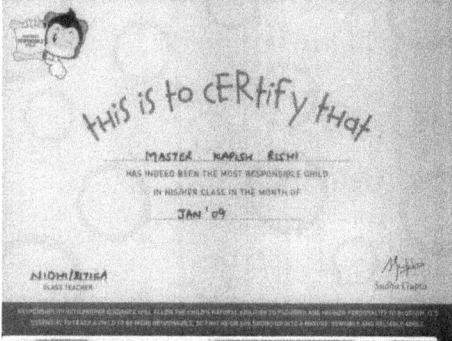

this is to cERtify that

MASTER **KAPISH RISHI**

HAS INDEED BEEN THE MOST RESPONSIBLE CHILD

IN HIS/HER CLASS IN THE MONTH OF

JAN '09

NIDHI/RITIKA
CLASS TEACHER

Sudha Gupta

KAPISH RISHI
of Class A Sec
PRE-SCHOOL LIST
for
SECURING I POSITION
in
INTRA CLASS WRITING COMPETITION
(A-Z)

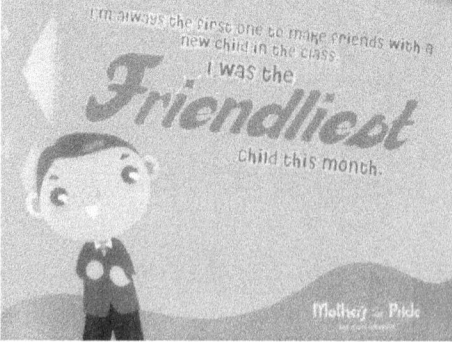

I'm always the first one to make friends with a new child in the class

I was the

Friendliest

child this month.

Mother's Pride

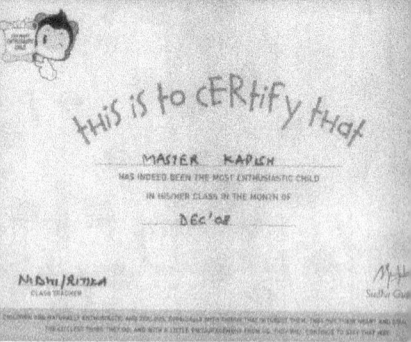

this is to cERtify that

MASTER **KAPISH**

HAS INDEED BEEN THE MOST ENTHUSIASTIC CHILD

IN HIS/HER CLASS IN THE MONTH OF

DEC '08

NIDHI/RITIKA
CLASS TEACHER

Sudha Gupta

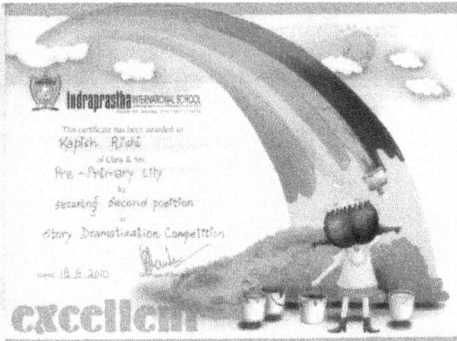

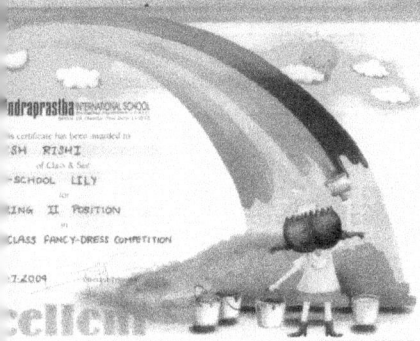

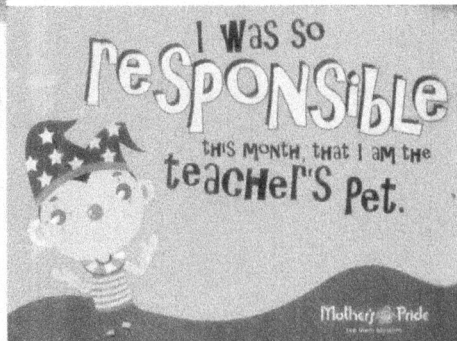

Indraprastha
Kapish Rishi
of Class & Sec
Pre-Primary Lily
securing First position
Brain Teaser Quiz
28.1.2011

Indraprastha INTERNATIONAL SCHOOL
This certificate has been awarded to
Kapish Rishi
of Class & Sec
Pre-Primary Lily
for
securing second position
in
Story Dramatization Competition

Indraprastha INTERNATIONAL SCHOOL
This certificate has been awarded to
Kapish Rishi
of Class & Sec
Pre-Primary Lily
for
Excellent performance
in
Tell and Spell Competition
well done
Dated 31.8.2010
Director/Principal

Indraprastha INTERNATIONAL SCHOOL

I was so
responsible
this month, that I am the
teacher's pet.
Mother's Pride

Friendliest
Intelligent
ENTHUSIASTIC
CERTIFICATE OF MERIT
This is to cERtify that
This is to cERtify that
This is to cERtify that
hygienic
excellent
excellent
commendable
commendable

लेखक का परिचय

कपीश पढ़ने के आरंभिक दिनों से ही मेधावी छात्र रहा है। भारतीय विद्या भवन के इस छात्र ने अब तक राष्ट्रीय और अन्तरराष्ट्रीय स्तर पर दस पदक जीते। इनमें 6 स्वर्ण पदक, 2 रजत पदक तथा 2 कांस्य पदक शामिल हैं। संगीत, पेंटिंग में भी बालपन से ही इसकी रुचि है। नर्सरी से अभी तक (छठी कक्षा) यह A1 ग्रेड प्राप्त करता आया है। अपनी माँ 'मंजु मन' और नानाजी डॉ. राजेन्द्र प्रसाद जी से प्राप्त प्रेरणा और आत्मविश्वास के बूते ही कपीश कीका जैसी पुस्तक पूरी कर पाया। स्वाधीनता संग्राम सेनानियों के बारे में भी यह पढ़ता है और लिखना चाहता है। संभवतया ऐसे विषयों पर पर्याप्त जिज्ञासा से काम करने वाला यह इकलौता बालक है। इसके अलावा अंग्रेजी साहित्य में भी इसकी रुचि है और इसके द्वारा अभी तक पढ़ी गई पुस्तकों के नाम इस प्रकार हैं–

1. **Diary of a wimpy kid by jeff kinney**
   * Rodrick Rules
   * The last straw
   * Dog days
   * The ugly truth
   * Cabin Fever
   * The third wheel
   * Old School
   * Double Down
2. **Famous Five**
   * Five get into Trouble
   * Five go adventuring again
3. **Great Personalities of India by Diamond Pocket Books**
   * Eklavya
   * Narandra Modi
   * A.P.J. Abdul Kalam
   * Bhagat Singh
4. **Geronimo Stilton**
   * The Treasure of the Easter Land
   * The Mystery in Venice
5. **The Aventures of Tom Sawyer**
6. **The Diary of a Young girl by Anne Frank**
7. **The Journey to the Centre of Earth**
8. **Book of Poetry of His Mother**
9. **मन तरंग**
10. **एक बात और**